ÓSCAR FAJARDO

EN DEFENSA DE
LA VOCACIÓN

editorial
LA MURALLA

COLECCIÓN
AULA ABIERTA
Dirección: Mª Antonia Casanova

© Arco/Libros-La Muralla, 2025
   Edita: Arco/Libros-La Muralla (Barcelona)
   www.arcomuralla.com
   ISBN: 978-84-7133-966-9
   Depósito legal: M-21.920-2025
   Diseño, realización y coordinación: Arco/Libros-La Muralla
   Calle L'Equador, 39-45, Plt. Bj. Loc. 6. 08029 Barcelona (Imagine Content S. L.)

   Impreso en España-*Printed in Spain*

ÍNDICE

III

ATENDER LA LLAMADA

A mi mujer Ana, rebelde silenciosa desde su vocación artesana.
A mi hija Inés, para que siempre recuerde que «ya es».
A los que creen que todo ser humano posee su propia vocación,
porque ahí nace el verdadero amor.

INVOCACIÓN

Los hombres pueden ser buenos y grandes
si son conscientes de su soberanía interior.

WALT WHITMAN

No hay mayor acto de rebeldía ni revolución más profunda y significativa que vivir en la vocación. Qué bello y maravilloso resulta que aquello que más poder tiene para desmontar y derrocar cualquier sistema sea cosa callada, asunto que se manifiesta primeramente en la intimidad de cada uno, que no chilla, ni grita, ni alborota, pero que nos llama a la más revolucionaria y rebelde de las causas, elegirnos a nosotros mismos y ser nuestra mayor posibilidad.

Habitamos un mundo repleto de opciones, pero ninguna de ellas tiene nada que ver con nuestro verdadero ser. Sin embargo, como afirma Ortega, nos estafamos a nosotros mismos y falseamos nuestra vida. Habitamos incómodamente en nuestra propia farsa y nos sometemos a alguna de esas posibilidades que el sistema nos propone a cambio de una mística que no es la de la realización y la plenitud, sino la de la retribución económica y la posición social.

Lo vocacional ha sido reducido, silenciado, aparcado e incluso borrado como principal posibilidad de existencia. Hoy nadie o casi nadie se plantea vivir conforme a su vocación. Aún más, la gran mayoría de las personas ni siquiera tienen consciencia de ella ni de su existencia. Si acaso, la vocación queda identificada con el empleo que desempeñamos, con las funciones productivas que realizamos, a las que se les añade el aderezo de lo que se nos da bien y nos gusta. Esta «jibarización» de lo vocacional, que apenas queda reducida a una actividad productiva que nos agrada y para la que mostramos cierta facilidad, es el gran triunfo del enfoque economicista y mercantil, y su resulta es una sumisión dulce en apariencia, aunque amarga y costosa en realidad, pues nos aleja de la única posibilidad que tenemos de realizarnos y de existir plenamente, que no es otra que la de elegirnos a nosotros mismos.

El ser humano moderno existe con el dolor silente de alejarse de su mayor posibilidad, de renunciarse a sí mismo, de traicionarse a base de 'reciclarse' y «reinventarse» continuamente en tareas y empleos que ocupan cada vez más tiempo de su vida y que, curiosamente, le hacen sentir cada vez más insignificante y vacío.

Pero la vocación jamás desaparece, y para ella cualquier tiempo y cualquier lugar es bueno para ser atendida. Poco le importa que durante años haya sido enmudecida por los enemigos inconfesos que se disfrazan de mil caras y excusas. La vocación no emerge en un momento ni espacio concreto, ni tampoco posee una fórmula única. No hay que esperar un acontecimiento determinado, ni buscarla en un lugar específico, puesto que ella está con nosotros desde siempre y para siempre. Para vivir en la vocación nunca es pronto ni tarde, porque nunca es mal momento para ser nuestra mayor posibilidad.

La vocación es mucho más que un empleo y una función, es el eje que vertebra y dirige toda nuestra vida, desde nuestro trabajo a nuestro ocio, desde nuestras relaciones a nuestras inquietudes intelectuales. La vocación no compite, ni se compara, ni tampoco se cuantifica, pues poca importancia tienen los títulos ni los bienes cuando el principal premio es ser nuestra mayor posibilidad.

Por eso la vocación es rebelde y peligrosa para cualquier sistema establecido, porque posee sus propios criterios y baremos que no se pliegan a lo imperativo, sino que transitan por otras sendas que no son las marcadas ni las trilladas por la mayoría. Por eso es tratada con condescendencia en sus primeras manifestaciones, y con desdén y crudeza si se persiste en la intención de vivir en ella. Por eso es necesario hacerla olvidar o reducirla a una función productiva para la que se nos prepara desde nuestra más tierna infancia en las aulas que regentamos y en los libros que estudiamos.

Pero, como recuerda Walt Whitman, la grandeza del ser humano es alcanzada cuando somos conscientes de nuestra soberanía interior, y solo a través de una vida vocacional logramos esa soberanía. Una soberanía que representa la mayor y más nuclear de las libertades, porque la verdadera libertad no reside en tener cientos de opciones donde elegir, sino en disponer de la opción de no escoger ninguna de ellas para elegirnos a nosotros mismos.

Defender la vocación, vindicarla con ardor y convencimiento, son una tarea y un deber inaplazables en un mundo que ensordece la llamada de ser nuestra mayor posibilidad para sustituirla por un sucedáneo de productividad y eficiencia que nos convierte en factores productivos y se olvida de nuestro ser más humano.

Las páginas de este libro son precisamente un ejercicio de resistencia y defensa de la vocación, una llamada a la rebeldía para ser nuestra mayor posibilidad, para elegirnos a nosotros mismos y hacernos con nuestra propia soberanía a fuerza de despertar conciencias, destapar artificios que nos despistan de nosotros y desvelar señales con las que la vocación se hace presente cada día. Y es que hoy, como siempre, nada resulta más importante que empeñarnos en llevar a la realidad las utopías de nuestros sueños.

I

EL OLVIDO
DE LA VOCACIÓN

Capítulo 1

CASCAR LA NUEZ

> Dios te da la nuez, pero sin cascar.
>
> GOETHE

Si algo sorprende en estos tiempos donde resuena sin cesar la consigna de «puedes ser lo que quieras», es la dimisión que presentamos ante la posibilidad de vivir vocacionalmente. Existimos sin plantearnos siquiera que la vocación pueda ser una opción de vida. La olvidamos como aspiración fundamental y, a lo sumo, la identificamos con el desempeño de una función productiva que nos guste y se nos dé bien. La interpretación suprema de la vocación como eje alrededor del que gira toda nuestra vida es algo que no va con nosotros y queda circunscrita a una suerte de elegidos, a unos pocos afortunados tocados por una especie de varita mágica e invisible que los dirige sin dudas ni tribulaciones, casi desde su más tierna infancia, a ocupaciones que absorben buena parte de su existencia y que marcan su sentido y manera de vivir.

Contemplamos a esos afortunados con admiración indisimulada y los consideramos seres especiales que poseen coordenadas y claves vitales escapadas de nuestra comprensión mundana. Aunque, paradójicamente, sea en los ámbitos más mundanos de nuestra sociedad donde esos elegidos despliegan y hacen realidad su vocación.

Así, pocas cosas resultan tan terrenales como nuestro cuerpo, campo de operaciones de los médicos y de las personas que se encargan de nuestra salud, quehaceres considerados vocacionales por excelencia. Curar y cuidar son verbos que reclaman tangibilidad, pues siempre que se cura y se cuida se ha de curar y cuidar a alguien de algo, y ha de realizarse de una forma determinada. Tareas terrenales y cotidianas, de inmediata comprensión y entendimiento por cualquiera donde, sin embargo, quienes las realizan son investidos con el halo de la singularidad que otorga el vivir conforme a la vocación.

Algo similar sucede con los maestros, otra de las escasas labores consideradas puramente vocacionales hoy en día. No hay encuesta, estudio o información que no los eleve a una condición semimística, a una revelación al alcance de muy pocos. Una aureola de misticismo que, curiosamente, se difumina progresivamente a medida que la tarea de enseñar sube peldaños en las etapas educativas y el maestro muta, poco a poco, en profesor. Así, el imaginario social identifica lo vocacional con la tarea de enseñar a un determinado alumnado, que no suele alcanzar más allá de la adolescencia. Superado este umbral, la educación se transfigura en formación y la mística del aprendizaje se esfuma en favor de la utilidad de lo estudiado y de su inevitable especialización.

Pero, de regreso a esa etapa en la que el maestro es considerado paradigma de lo vocacional, la coincidencia con el mundo de la salud resulta casi absoluta. Como los médicos, los maestros han recibido una llamada extraterrenal e intangible que se desenvuelve en territorios mundanos y concretos. Si la medicina y el médico encuentran en la carencia de salud del cuerpo humano su lugar de despliegue, la enseñanza y el maestro lo hallan en otra carencia, esta vez la de la educación que ha de preparar para la vida a los niños y a los más jóvenes.

Carencia, cura, cuidado y mundanidad son, pues, cuatro singularidades que acompañan a las tareas que nuestro sistema actual reconoce como vocaciones supremas. Cuatro peculiaridades que hallamos también en lo religioso, labor que constituye, junto a las dos anteriores, el triunvirato de lo considerado ejemplo de máxima vocación. Una ocupación en la que se muestra, con más profusión si cabe, la particularidad de ser seleccionado y elegido más allá de la voluntad propia. «¿Dónde estaba yo cuando te buscaba? Tú estabas delante de mí; pero yo me había retirado de mí mismo y no me podía encontrar. ¡Cuánto menos a ti!», relata San Agustín (2011: 160) en sus *Confesiones*. La persona busca sin ser consciente, sin saberlo, expresa San Agustín. El religioso es llamado con una creciente insistencia por algo superior a su voluntad y a su capacidad de comprensión y conciencia, y aunque el reclamo no es atendido al comienzo, el pasar del tiempo, las vivencias sucesivas y, a menudo, un acontecimiento puntual extraordinario, producen la revelación, la descodificación del mensaje y el súbito encaje.

Si el médico cura y cuida nuestro cuerpo físico, y el maestro atiende nuestra necesidad de una educación que nos prepare para la vida, el religioso se ocupa de las insuficiencias espirituales, del requerimiento humano de buscar un sentido a la existencia. Lo religioso acerca lo espiritual a nuestra mundanidad y lo convierte en terrenal a través de su labor y de la ritualidad.

Carencia, cura, cuidado y mundanidad son compartidas por médicos, maestros y religiosos que gozan, además, de otra característica no solamente sentida por ellos, sino percibida por la sociedad a la que atienden y en la que se desenvuelven. Se sienten y son percibidos como seres abnegados llamados a una misión superior que los dirige contra viento y marea, que los mantiene firmes en su voluntad y enfocados en su fin, a pesar de las adversidades. Nuestro mundo actual reconoce que algo es puramente vocacional cuando a esas características de la carencia, cura, cuidado y mundanidad, se les añade la de la abnegación.

Pero todavía resta un aspecto más que completa lo que ha de constituir una vocación suprema y este no es otro que su universalidad. Las vocaciones supremas han de proporcionar un beneficio universal, es decir, para todos. De ahí que la labor docente, superada las etapas de la infancia y primera juventud, deje de ser considerada vocacional, pues la educación que brinda ya no es preparación universal para la vida, sino especialización, y ya no es para todos, sino para unos pocos.

También por eso, y a pesar de la creciente secularización de nuestras sociedades y de la pérdida de relevancia de lo religioso, nuestro mundo considera a quienes se dedican a la tarea religiosa como seres de vocación alcanzados por una providencia especial. La razón es que continúa existiendo la carencia espiritual, la necesidad universal de cura de esa ausencia de sentido existencial. Consideramos necesario e indispensable atender ese vacío, un vacío que comprendemos bien porque todos tenemos que lidiar con él a lo largo de nuestras vidas.

Estos quehaceres son los únicos que el sistema productivo permite calificar como vocaciones supremas fruto de una llamada más allá de nuestro alcance. Estas excepciones son toleradas porque realizan tareas necesarias e imprescindibles cuya demanda es ineludible y universal para todos y, por lo tanto, no pueden ni deben participar del juego mercantil de la oferta y la demanda como el resto. Necesitamos garantizar nuestra salud física y espiritual y nuestra educación básica para la vida, más allá de cualquier demanda y contingencia. Son labores siempre requeridas de las que no podemos prescindir, y cuya imposibilidad de jugar al juego del mercado y de la oferta y la demanda las colocan en una situación de desventaja respecto a otras ocupaciones en cuestiones como la remuneración económica o la posición social. Ante ello, el sistema apela a esa llamada vocacional suprema para evitar que estas tareas se midan conforme a esos parámetros de oferta y demanda donde se demostrarían poco atractivas para su ocupación y provocarían su abandono, poniendo en peligro la cobertura de servicios que son esenciales.

Sin embargo, ese mismo sistema productivo niega con empeño tenaz esa calificación de vocación suprema a cualquier otra ocupación que aspire a ello, pues la mera aceptación de la idea de que todos poseemos una vocación que nos invita a ser nuestra mejor posibilidad pone en peligro su supervivencia, como comprobaremos más adelante. De esta manera, el sistema limita la aspiración del vivir conforme a una vocación superior y suprema a los llamados por uno de estos tres caminos señalados. El resto de las personas simplemente olvidan la posibilidad de que puedan tener una vocación, o aceptan la fórmula simplificada de identificar lo vocacional con un empleo productivo que les guste y para el que tengan dotes específicas.

Pero entonces, ¿qué hay de todas esas labores de servicio público que se ocupan de nuestra seguridad y de cuya abnegación, pagada a veces hasta con la propia vida, nadie duda? ¿No son indispensables, entendidas universalmente y necesarias? ¿No dan muestra de su entrega cada día de servicio? Ciertamente, cubren la necesidad de seguridad, cuidan de nosotros y nos protegen, pero la demanda de seguridad no está omnipresente en nuestras vidas. La salud, la educación, al menos hasta la adultez, y los asuntos del espíritu son ejes fundamentales sobre los que siempre existe necesidad e inquietud, no así la de seguridad, que es circunstancial y puntual, y que incluso puede no llegar a aparecer en toda una vida, aunque se reconozca su importancia. El alcance menor y limitado de esta carencia hace que no percibamos que esas ocupaciones nos curan puesto que, si no tenemos dicha necesidad permanentemente, tampoco sentimos ese reclamo persistente de ser curados.

Igualmente sucede con otras labores que bien pudieran, en un primer vistazo, entenderse como vocacionales, pero que quedan fuera de esa consideración cuando se las enfrenta a los requerimientos de carencia, cura, cuidado, mundanidad, abnegación y universalidad que el sistema reclama para considerarlas vocaciones supremas. Es el caso de los deportistas. El deportista profesional posee una alta abnegación y entrega, pero dicha abnegación redunda fundamentalmente en sí mismo y en sus propios éxitos o, como mucho, en los de su equipo y sus seguidores, pero no en el grueso de la sociedad. Una abnegación que, además, no es desplegada toda la vida, sino tan solo durante unos años muy determinados. Por otra parte, si bien cubre una carencia social de entretenimiento, no es una única fuente para satisfacerla o curarla, como sí lo hacen en sus respectivos ámbitos el médico, el maestro y el religioso, y no existe en él una labor de cuidado de los demás.

De la misma forma, investigadores y científicos quedan también a las puertas del trono vocacional. Si bien demuestran su abnegación con horas ininterrumpidas de laboratorio y estudio, es precisamente este ámbito restringido el que les aparta de esa universalidad necesaria, de ese entendimiento masivo y casi espontáneo de los beneficios de su trabajo. El investigador necesita explicarse, mucho y bien, para ser comprendido en su tarea y, aun así, casi nunca lo consigue. Su labor se percibe alejada de esa mundanidad y queda circunscrita a un espectro demasiado ajeno al día a día de las personas, lo que la invalida aparentemente para acceder a la consideración de vocacional.

En una situación similar, aunque por otras circunstancias, se encuentran los periodistas que, si bien reúnen las condiciones de universalidad y mundanidad, su tarea es más bien entendida como ese 'cuarto poder' con el que décadas atrás fue bautizado, y no como un ejemplo de entrega y abnegación por los demás. En este patrón fijado en el inconsciente colectivo lo vocacional ha de renunciar a todo atisbo de influencia y poder directos, pues esto supone actuar en bien propio y no en favor de los demás. Esa aparente ausencia de abnegación y entrega al otro inhabilita al ejercicio periodístico para ser considerado algo vocacional.

Dos últimas ocupaciones quedan a las puertas de esa consideración. Tales son el artesano y el artista. Al primero le falla el primer mandamiento, el de la carencia, pues la sociedad de hoy, manufacturera y entregada a la producción masificada, no considera que la artesanía resuelva una necesidad que sea fundamental y no esté ya cubierta.

Cualquier producto elaborado artesanalmente encontrará su par industrial y serializado que, en apariencia, cubre las mismas funciones y a menor coste. Incumplir ese primer mandamiento convierte al artesano en una *rara avis*, una labor cuyos productos tienen más que ver con satisfacer caprichos de unos pocos que necesidades de muchos, lo que lo deja marginalizado y en los límites del sistema.

Unos límites que también comparte el artista. La combinación creciente de demanda de utilidad en todo aquello que se produce unido a una exigencia de eficiencia traducida en más cantidad con menos coste y tiempo nos ha conducido a un silenciamiento de la necesidad de belleza. Las personas precisamos de la belleza y de su contemplación, pero lo útil y eficiente ha desplazado ese anhelo hasta hacerlo casi invisible. Cuanto más se incrementan las exigencias relativas a la necesidad y a la utilidad, y cuanto más indispensables se manifiestan, tanto menos margen de maniobra existe para lo bello (Schopenhauer, 2021: 417).

El artista queda despojado de su valor como artífice y creador de belleza que cuida y cura esa necesidad innata pero silenciada de lo bello. Consecuentemente, no se entiende su universalidad ni su abnegación, y menos aún su mundanidad, por lo que queda relegado no solo a los márgenes y límites en los que vaga el artesano, sino que es tratado como un agente incómodo y peligroso al que se trata de expulsar porque pone en peligro el orden establecido.

Carencia, cuidado, cura, mundanidad, abnegación y universalidad se conjugan alquímicamente por el sistema para que nuestro inconsciente colectivo invalide como vocación suprema cualquier otra ocupación que no sea la medicina, la docencia o la religiosidad. Esto transmite la falsa idea de que dicha vocación suprema es algo limitado a pocas personas y labores, y provoca que creamos que lo vocacional no está en todos y cada uno de nosotros, lo que nos resigna a vivir una vida conforme a los parámetros que nos marcan desde fuera, y no desde nuestros propios criterios. Nos conformamos con vivir una vida aceptable, y abandonamos la idea de una existencia en plenitud donde nos realicemos a nosotros mismos a través de la vocación.

La identificación de la vocación suprema con ese triunvirato o la reducción de lo vocacional a una mera labor productiva para la que tenemos habilidad y cuya ejecución nos agrada sitúa al resto de ocupaciones que nos proporcionan placer y realización en el plano del hobby, y las arrincona en la informalidad y en el ocio. Labores deseadas y anheladas por millones de personas quedan restringidas al espacio y el tiempo que el empleo 'serio y funcional' con el que nos ganamos la vida nos permite cada día.

Lo que podría ser una actividad que dirigiera toda nuestra existencia, nuestra manera de pensar, sentir, hacer, relacionarnos y de trascendernos en vida, se relega a la consideración de capricho ocioso que será tanto más practicado cuanto más tiempo libre y más frescura física y mental dispongamos.

Establecer esa dicotomía entre el empleo y las ocupaciones que nos proporcionan placer, goce y dicha es una gran y silenciosa victoria del sistema productivo que nos hemos proporcionado. El empleo y su desempeño se acompañan de la idea de un esfuerzo y sufrimiento necesario e inevitable, y en él no cabe placer, goce o dicha, ni tampoco juego, puesto que con las cosas de comer no se juega.

Por eso el empleo no puede pensarse más que como mera fuente de subsistencia, no como una forma querida y deseada de entender la vida y desplegarla en sus veinticuatro horas, en sus trescientos sesenta y cinco días. Renegamos del placer, del goce y de la dicha en el empleo porque eso atacaría directamente la base del sistema. Si nos empleáramos en cosas donde hay esfuerzo sin sufrimiento, donde existe el placer y la dicha, se quebrarían las bases fundamentales que sostienen nuestro sistema productivo, puesto que lo que nos mueve es el deseo de salir de ese padecimiento mediante la competitividad y la superación permanente que confiamos nos conducirá a una mejor remuneración, a una mejor posición y a un menor sufrimiento.

Esa promesa siempre incumplida, porque el sufrimiento nunca cesa, aunque estemos en uno u otro escalafón, esa fórmula que nos mantiene sometidos al más puro estilo de «palo y zanahoria», requiere entender el empleo no como algo gozoso y placentero, sino como algo doloroso que hemos de padecer.

Parecen más oportunas que nunca aquellas palabras escritas por García Márquez en sus *Cien años de soledad*: «En verdad no tenía una vocación definida, pero había logrado las más altas calificaciones mediante una disciplina inflexible, para no contrariar a su madre. Habrían podido imponerle el aprendizaje de cualquier otro oficio y los resultados hubieran sido los mismos» (1999: 330).

¿Acaso no nos parecemos extraordinariamente a este personaje que retrata el escritor colombiano? Salvo los 'tocados' por la fortuna de la vocación suprema, la gran parte de las personas vivimos en la resignación de la vida sin vocación. Nos perfeccionamos hasta el máximo, nos exigimos llegar hasta las más altas cotas de eficiencia y de rendimiento en aquello que desempeñamos, en una carrera que no parece tener fin al son que marca el *lifelong learning*, esa concepción de aprendizaje para toda la vida que deja de ser una opción para convertirse en una obligación inexcusable si no deseamos quedar relegados.

Nos disciplinamos y obedecemos los dictámenes de lo que pide en cada momento el mercado que nos dirige con sus demandas de mano de obra. Nos modelamos y «reinventamos» cada poco tiempo para no caer en una obsolescencia ya no solo reservada a los objetos, sino también a las personas. Igual que relata García Márquez, cuando se nos «invita» a virar hacia otras direcciones al ritmo de los requerimientos cambiantes del sistema productivo somos capaces de imponernos un nuevo aprendizaje que hará que los resultados sean igual de buenos, si no mejores.

Enmudecida la posibilidad de vivir conforme a una vocación, todo queda relegado a orbitar la existencia alrededor de un empleo que debe cumplir con las necesidades exigidas por un mercado que, a su vez, ha de satisfacer una demanda que se encuentra incentivada permanentemente para cambiar, alterarse y modificarse en su intensidad y dirección. El empleado se comporta como una hormiga dentro de un inmenso reguero de hormigas que, como ellas, altera su dirección al ritmo del resto para dirigirse a los mismos destinos donde solo queda lugar para la competencia despiadada y para una única salvación empaquetada en forma de «reciclaje» y «mejora continuada».

Esa carrera enloquecida conduce a las personas a reiniciarse constantemente, a olvidarse de su pasado para recoménzar continuamente en una especie de reinvención prometeica, con el fin de mantenerse en ese reguero de hormigas por el temor a sentirse excluidas y con la vana esperanza de una realización que nunca llega. Con esos mimbres de búsqueda de realización y necesidad de mantenerse integrada, la persona cae en una autoexplotación (Han, 2014) sin fin que la deja exhausta y vacía.

Frente a la idea de vocación privilegiada y afortunada, donde una llamada profunda dirige toda la existencia de los elegidos, su actividad y su forma de relacionarse con el mundo, trabajo incluido, el resto de los mortales no tocados por la fortuna vocacional realiza un camino bien distinto. La única llamada es el reclamo cuasi obligatorio que proviene desde el exterior, que es impuesto por una fuerza del mercado y de lo útil, y que se cuela en la vida interior de la persona hasta casi dominarla por completo, aunque este dominio vaya, la mayor parte de las ocasiones, en contra de su voluntad.

Expandida la idea de que la vocación es asunto de unos pocos, el resto de las personas quedan cegadas y ensordecidas para ver y escuchar llamada alguna, y se someten obedientemente a las fuerzas externas que transforman los empleos en las nuevas galeras de 'cuello blanco'.

El desterramiento de la vocación como algo que todos tenemos nos ha llevado a dimitir de nuestro deber de cascar esa nuez que nos ha sido dada, nos ha hecho olvidar la obligación de romper la cáscara que envuelve nuestro más precioso y valioso ser.

Tristemente, esa obligación de «cascar la nuez», que escribía Goethe siglos atrás, ha sido sustituida en nuestro tiempo por el falso convencimiento de que ya ni siquiera tenemos nuez que cascar, que ya no hay vocación que desplegar salvo para unos pocos elegidos. Como mucho, disponemos de ese sucedáneo de vocación limitado a desplegar una función productiva que nos agrade y se nos dé bien.

Esto deja a gran parte de la gente ante la imposibilidad de vivir una vida virtuosa y, por lo tanto, ante la incapacidad de disfrutar de una vida buena y plena. Solo lo vocacional es capaz de proporcionarla, pues en la vocación se aúnan el bien interno que proviene del dominio de una práctica determinada, la realización interior de hacer aquello a lo que uno es llamado y la contribución externa al mejoramiento de la vida del resto de las personas (MacIntyre, 2021).

Quienes se desempeñan en ocupaciones que no responden a llamadas trascendentes sino a demandas externas que cubren necesidades productivas solo pueden alcanzar dos de las tres posibilidades de la vida virtuosa, lo que les niega, *de facto*, la posibilidad de una vida con bienestar. Pueden alcanzar la más alta cota de eficiencia a base de disciplina, y de hecho lo hacen, pues nunca hubo tantos expertos en tantas cosas. También les es dado contribuir externamente, aunque sea en su parte más utilitarista y funcional, al mejoramiento de la vida de las personas, si bien es cierto que las crecientes interdependencias y procesos en los que se encuentran inmersas las ocupaciones hace que resulte cada vez más difícil encontrar cuál es la contribución y el beneficio tangible creado para los demás.

Sin embargo, no les es posible cumplir con la tercera de las premisas de la vida buena y plena, aquella que exige responder a la llamada y dedicar a ella su existencia. Si no hay escucha de la llamada, no hay respuesta posible. De esta forma, buena parte de la humanidad queda supeditada más a sobrevivir la vida que a vivir la vida buena, puesto que «no hay vida sin vocación, sin llamada íntima. La vocación procede del resorte vital, y de ella nace, a su vez, aquel proyecto de sí misma, que en todo instante es nuestra vida» (Ortega y Gasset, 1983: 655-656).

Si la vida sin vocación no es vida, ¿qué es lo que tienen la gran parte de los mortales a los que se les ha ensordecido la llamada? Fundamentalmente lo que queda es el deber. Una obediencia debida al rol productivo adquirido por cada uno de nosotros. El ser humano debe contribuir con su esfuerzo y con su trabajo a la productividad colectiva. El individuo debe ser y debe hacer continuamente. Su vida se establece ya desde la niñez en relación con la idea de una deuda permanente que solo puede pagar con su esfuerzo, con una mejora insaciable de su eficiencia y con la entrega cada vez más intensa no solo de su tiempo y de su acción, sino también de su pensamiento y de su sentimiento. El ser humano nace en deuda, y no termina de pagarla jamás. Si la vocación es ese resorte vital que proclama Ortega y que da sentido a la vida, su ausencia es la falta del motivo interior para vivir, que es sustituido por la obligación y el deber para con lo externo.

En la sociedad en la que se borra la vocación como realidad para la inmensa mayoría, las identidades se construyen alrededor de lo que uno ha estudiado, del empleo que posee y de la riqueza material acumulada. Todo lo que sale de este espectro no constituye identidad alguna salvo para quien se dedique a la enseñanza, la salud o la religiosidad, las tres ocupaciones que mantienen la bula de lo puramente vocacional.

La consecuencia es un anhelo constante por la jubilación, por el descanso del deber y de la obligación. La jubilación representa en nuestros días el retiro del circuito productivo para convertirnos en meros receptores de beneficios adquiridos. Pero, al igual que uno deja de tener el deber de producir, que no el de consumir, también deja de disponer de una identidad para disolverse en la vaga idea de persona jubilada. Quien ya no ha de responder al deber productivo se transforma en un agente sospechoso, en una rémora que hay que soportar y mantener a regañadientes.

No ocurre así con lo puramente vocacional, donde los médicos, religiosos o maestros son siempre médicos, religiosos o maestros a pesar de que estén en edad de retiro. La comunidad social más cercana preserva vivo su recuerdo, aunque ya no estén en activo, y ellos mismos mantienen su pensamiento y su sentimiento fiel a esa llamada que nunca les abandona. En ellos la jubilación supone una obligación no querida, pues en su cabeza y espíritu el retiro nunca se produce. Nacen y mueren siendo lo que son, siendo fieles a la llamada suprema.

Pero, a pesar de que lo vocacional haya sido olvidado, reducido a un empleo funcional o circunscrito a unos pocos elegidos en su alcance mayor y profundo, la estructura social ha de prevenirse ante cualquier atisbo de rebelión de esa mayoría sin presunta vocación, pues el ser humano necesita una mística, un propósito profundo por el que vivir que el ámbito frío de lo económico, mercantil y de gestión no puede ofrecer. Desprovistos de esa mística, existe el peligro de que los individuos puedan alzarse frente a su alienación. Para evitarlo, solo queda echar mano de la utilidad para la función productiva y de la eficiencia máxima como sustitutos de esa posibilidad de sentirnos plenos en nuestra ocupación. El sentirse realizado con lo que se hace se transforma en ser útil respecto a la función desempeñada, en ser eficiente. Esta visión alienante ha de camuflarse y edulcorarse para que su deglución sea más agradable por parte de la gran masa que se emplea en estas labores.

En ese proceso de endulzamiento, talento y pasión se convierten en los principales artífices para infundir algo de trascendencia a las actividades que la gran parte de las personas desempeñan hoy en día, aunque sus significados son tergiversados para reforzar nuestra dependencia de lo mercantilista y lo productivo.

Frente a la concepción del talento como algo peculiar de cada uno, único y definitorio de la identidad individual que nos remitiría a lo puramente vocacional, se nos propone un talento que se identifica con el desarrollo de habilidades «tipo» que cubren la demanda productiva del momento. Se altera su significación para representar justo lo contrario, un conjunto de competencias que, a modo de listado, se exigen para poder ser productivo y eficiente. La intención es hacernos creer que las aptitudes que responden al requerimiento mercantil y productivo son las propias de cada uno, las que le hacen único, cuando sucede lo opuesto dado que, mediante esta malinterpretación del talento, anulamos nuestra singularidad. El resultado son cientos de miles de personas frustradas porque intentan desarrollar aptitudes y talentos que no son los suyos como si lo fueran.

Una manipulación que no se conforma con abarcar las aptitudes funcionales, sino que se extiende a actitudes y comportamientos que, bautizados como «habilidades suaves», estandarizan también nuestros patrones de conducta.

Pero el talento así interpretado y manipulado, limitado a cubrir unas necesidades productivas, no nos lleva por sí solo a sustituir el deseo de realización. Por eso debe proveerse de algo más que se traduce en el anhelo de pertenencia a una élite y a una posición jerárquica superior. El talento y su explotación máxima expresada en mayor productividad y eficiencia se convierten en la llave para acceder a una élite que se admira, porque es dentro de ella donde se puede disfrutar de los mayores privilegios que la sociedad actual nos puede ofrecer, y porque es ahí donde creemos que reside una plenitud que, en realidad, nunca llega.

Sin embargo, el talento y la élite no se bastan para mantenernos en esa sumisión al sistema productivo y económico. Se necesita emocionalidad y apelación a lo sentimental porque es la mejor forma de movilizar seguidores (Tarrow, 2018). Es aquí donde entra en juego la pasión. Se nos llama a apasionarnos con lo que realizamos, con nuestra ocupación y nuestras tareas. Para evitar la percepción de alienación y de automatismo derivada de las labores que ejecutamos regularmente, se les añade el ingrediente de lo pasional. Así, la pasión pasa a ser aplicada también al desempeño de una ocupación. Ya no solo nos deben apasionar las personas sino lo que hacemos, por eso se nos invita a buscar, encontrar y perseguir la ocupación laboral que nos apasione. Igual que buscamos, encontramos y perseguimos a nuestra media naranja, hemos de hacer lo propio con el empleo. La pasión conlleva deseo, instinto e impulso. El deseo, el instinto y el impulso pueden ser creados y manipulados, por lo que quienes sienten esa pasión pueden ser dirigidos hacia aquello que se quiere que se desee.

Talento y pasión se convierten en aliados inquebrantables para dotar a las personas de una nueva mística que sustituya a lo vocacional y la realización. La supuesta mística del talento dirige a la gran mayoría de las personas a satisfacer requisitos mercantiles y económicos bajo la promesa del acceso a una élite y a una jerarquía, que siempre será temporal en aras de una nueva necesidad que creará nuevas élites y jerarquías, y que impondrá a quien desee mantenerse en ellas una reinvención total, una «destrucción creativa».

A su vez, ese movimiento se reviste de afectividad y emocionalidad mediante la trasposición del sentimiento pasional entre humanos al sentimiento pasional entre el hombre y su función. De esta forma, resulta mucho más sencillo dirigir a la gran mayoría hacia esas funciones requeridas que se convierten en objeto de deseo, en algo a lo que nos movemos por instinto y por impulsos. Una pasión que, como la llama con la que oportunamente se representa, se enciende y se apaga, por lo que ha de ser alimentada de continuo.

La pasión y el talento no son equipajes fijos, sino que han de evolucionar con la contingencia y la circunstancia. Lo que hoy es pasión, mañana deja de serlo sin mayor problema puesto que el deseo se consume rápido y busca un nuevo objeto para ser deseado. Lo mismo acontece con el talento, que hoy se compone de una serie de aptitudes y mañana se conforma de otras. Lo que ahora es talento valorado, mañana es una rémora y un peso del que deshacerse.

Mientras que el talento y la pasión así entendidas provienen únicamente de lo externo, la vocación no encuentra su origen en un reclamo del exterior. La vocación no se agota como la pasión y el deseo, no es una llama que requiera ser avivada cada poco, ni tampoco es instintiva ni impulsiva, sino que es intuitiva y se expande a lo largo de toda la vida y de todas sus dimensiones para convertirse en el eje vertebrador de toda la existencia.

La vocación no es un lugar al que tender para más adelante cambiar a otro dependiendo de la circunstancia. Igualmente, permanece ajena a la contingencia externa, aunque la necesite para desempeñarse en ella. Tampoco requiere de la enfatización exagerada del talento puesto que, cuando uno vive desplegando lo que quiere y lo que realmente es, aptitudes y competencias se encuentran totalmente integradas e insertas en la forma de vivir, y se desarrollan tan naturalmente que su tenencia pasa totalmente desapercibida.

A ese talento y esa pasión con la que se despista la necesidad intrínseca del ser humano de desplegar su vocación se le añade un tercer ingrediente para hacer aún más digerible esa renuncia. Ese suavizador viene en forma de exaltación del error y del fracaso como algo no solo entendible y disculpable, sino como paso fundamental e inevitable para lograr esa vida supuestamente plena explotando nuestros talentos con pasión.

Esa tolerancia social al error, ese ensalzamiento del fracaso como un bien en sí mismo que todo el mundo debiera poseer en su currículo de vida, intenta alejarnos superficialmente del sentimiento de frustración que surge cuando erramos por la fricción que se produce entre lo que se nos demanda y la llamada vocacional.

¿Significa esto que hemos de ser intolerantes al error y al fracaso? En absoluto. Todos erramos, todos emprendemos cosas que no salen como esperábamos, que no responden a nuestras expectativas. Pero cuando se vive conforme a una vocación que dirige toda nuestra vida, los conceptos de error y fracaso quedan enmarcados de una forma diferente puesto que no somos juzgados por el tribunal público de lo esperado y exigido por los demás, sino que nos juzgamos nosotros mismos. Y si estamos respondiendo como podemos y sabemos a esa llamada, el error abandona esa connotación negativa que hay que perdonar, y se transforma en una acción más junto a otras muchas que conforman un modo de vivir al que hemos sido llamados y al que respondemos y, por lo tanto, al atender esa llamada, la idea de fracaso desaparece.

Suprimir de nuestra existencia la convicción de que es posible y fundamental vivir en la vocación es una de las piedras angulares para sostener nuestra estructura social mercantilista y utilitarista. Todo sistema, para ser hegemónico, necesita anular cualquier aspecto del ser humano que se aleje de lo voluntario o de lo instintivo. Instinto y voluntad pueden ser, y de hecho lo son, dirigidos hacia direcciones determinadas. Si la pasión guía al instinto a través de la generación de un deseo, el talento y su mística de la élite llama a la razón para su logro y, donde entra en juego la razón, entra en juego también lo voluntario.

Sin embargo, lo intuitivo de la vocación se escapa de esas categorías, no puede ser racionalizado ni reducido a una emocionalidad, por lo que no puede ser controlado, ni siquiera desde el propio individuo que no encuentra un espacio, un tiempo y una forma concreta en la que dicha vocación aparece. La llamada que representa la vocación proviene de esa intuición incontrolable, por lo que permitir que la gran mayoría de personas anhele y considere factible una vida de vocación se convierte en la principal amenaza para el mantenimiento del sistema.

Pocas cosas resultan tan amenazantes para el mecanismo mercantil y utilitario como la asunción de que no solo se puede, sino que se debe, vivir conforme a la vocación. Nada resulta tan revolucionario como el reconocimiento de que la vocación es algo que todo el mundo posee, que no es un privilegio de unos pocos. Estas ideas abren infinidad de perspectivas y alejan esa concepción del hombre unidimensional en el que no existe conciencia de servidumbre, aunque realmente sea más sumiso que nunca, puesto que el surgimiento de dicha conciencia se ve estorbado por el predominio de necesidades y satisfacciones que la propia sociedad impone al individuo haciéndole creer que son las suyas propias (Marcuse, 2021).

La concienciación de que todos poseemos una vocación y que una vida realmente buena pasaría por vivir conforme a ella daría lugar a un ser humano multidimensional, no unidimensional, que rompería las jerarquías clásicas y que sería de difícil control por parte del sistema de turno, ya que no podría dirigir a las personas hacia las necesidades de producción requeridas mediante la pasión y el talento.

Por eso el sistema traba y ensordece la llamada de nuestra particular vocación. De esta forma sutil, pero profunda, hoy casi nadie cree que pueda ser posible vivir en la vocación, ni siquiera que sea factible tenerla.

No solo no cascamos la nuez, sino que creemos no tener nuez que cascar.

II

PERO... ¿CÓMO HEMOS LLEGADO HASTA AQUÍ?

Capítulo 2

EL RÍO FILOSÓFICO

> Señor, cinco talentos me entregaste; aquí tienes otros cinco que he ganado. Su señor le dijo: ¡Bien, siervo bueno y fiel!; en lo poco has sido fiel, al frente de lo mucho te pondré; entra en el gozo de tu señor.
>
> Evangelio según San Mateo

Pero… ¿cómo hemos llegado hasta aquí? ¿Cómo hemos aceptado sumisamente la posibilidad de vivir la vida sin atender a nuestra vocación? Para respondernos a estas preguntas es necesario remontar, aunque sea someramente, el río de la filosofía para hallar en sus caudalosas aguas algunas ideas y reflexiones que han influido en la construcción de nuestro inconsciente colectivo actual. Un inconsciente colectivo que nos resigna a entender la vocación como privilegio de unos pocos, que nos empuja a sustituir la vida vocacional por la vida útil y nos conduce al olvido de la plenitud existencial para entregarnos a una existencia productiva y eficiente.

Desglosar todas y cada una de las teorías y pensamientos que influyen en la percepción de lo vocacional como prerrogativa de unos pocos y como nula posibilidad de ser camino para una vida plena resulta una tarea harto compleja de abordar en estas escuetas páginas. Sin embargo, sí resulta posible extraer algunas de las concepciones y doctrinas que han contribuido especialmente a perfilar la posición que hoy otorgamos la vocación.

Ese recorrido ha de comenzarse inevitablemente por Grecia y las visiones que Platón y Aristóteles ofrecieron sobre la presencia de una idea suprema trascendente. Mientras que Platón defendía la existencia de una idea común trascendente que debía dirigir nuestra vida, Aristóteles rechazaba tal posibilidad y, por el contrario, consideraba improbable que hubiera una idea que pudiera ubicarse a la vez en todas y cada una de las ciencias y categorías (Aristóteles, 2014).

Negar la existencia de una idea común trascendente y atemporal suponía que el propósito superior de la existencia ya no se encontraba por encima del individuo y de cada época sino al arbitrio del orden y demandas del momento social, de la contingencia y del sistema imperante. Para Aristóteles, la plenitud quedaba ligada al cumplimiento de un propósito y unas funciones que estaban en consonancia con el conjunto de normas culturales dominantes en cada tiempo. No es difícil reconocer reminiscencias de esa perspectiva aristotélica en nuestro abandono de la vocación como vía para hallar plenitud, y en nuestra tendencia a buscar el sentido a la vida y el virtuosismo a través del encaje permanente de nuestras acciones y ocupaciones con las exigencias de productividad y eficiencia del sistema de turno.

En este deslizarse por las aguas del río filosófico, merece una mención especial el cristianismo, puesto que fueron las páginas de la Biblia las que introdujeron por primera vez la noción de que todo ser humano era llamado hacia algo que le trascendía. Aunque esa llamada era referida a lo religioso y a lo sacerdotal, el cristianismo recuperó y modeló la concepción platónica de algo trascendental que nos superaba, e identificó la vocación con esa idea trascendente que nos llama y reclama. Esta concepción cristiana, a pesar del arrinconamiento y olvido que sufre la vocación, se ha mantenido hasta nuestros días, donde aún somos capaces de calificar como vocacionales unas pocas ocupaciones en las que se reconoce la existencia de una llamada ajena a la voluntad que dirige la vida de quien la recibe.

Además de la identificación de la idea de trascendencia y de lo vocacional con una llamada que nos invoca, el cristianismo ha ejercido otras influencias relevantes en la posición que la vocación ocupa en nuestro tiempo. La doctrina cristiana nos invita a multiplicar nuestros talentos y no a enterrarlos ni malgastarnos. Esta parábola de los talentos ha sido reinterpretada por nuestra sociedad actual, que la ha transmutado en una necesidad de multiplicar constantemente las competencias y habilidades para ser más productivos y eficientes. Sustituimos la llamada de Dios por la de la productividad y la multiplicación de los talentos propios por el desarrollo de habilidades estandarizadas para ser más productivos. Fomentamos la multiplicación del talento hasta lo imposible, pero no para cumplir un deber con Dios, sino para cumplir con el deber de ser lo más útiles y productivos posible.

Mantenemos la idea cristiana del compromiso con la multiplicación del talento, pero lo separamos de lo trascendente para convertirlo en una colección de competencias tipo a las que todos debemos aspirar para ser más útiles y eficientes. Una separación a la que, paradójicamente, también contribuyó el propio cristianismo al implantar la creencia de que lo espiritual debía mantenerse alejado de las cosas terrenales, como bien recordaba aquello de «al César lo que es del César y a Dios lo que es de Dios». Se estableció así una distinción entre lo trascendente y lo terrenal que hoy recogemos en el entendimiento de las tareas mundanas como un medio de enriquecimiento material y de reconocimiento social, y no como una vía para la realización y la trascendencia.

Otro pensador cristiano, San Agustín, dejó su particular huella en la visión actual de la vocación a través de su concepto de voluntad. El filósofo cristiano defendía que la vida plena se alcanzaba cuando mente y esencia permanecían unidas (Agustín, 2011), y apelaba a que era la voluntad la principal forma para mantener dicha unión. Esa concepción de la voluntad como elemento fundamental para lograr la plenitud ha sido reformulada en nuestros días para transformarla en un hecho cultural. Hoy en día se impone una cultura de la voluntad y del esfuerzo que proclama el «querer es poder» y nos fuerza a encajarnos con habilidades y competencias demandadas por el sistema, aunque no las poseamos ni respondan a nuestro ser más propio. Si no encajamos no es porque exista una disonancia con nuestro verdadero ser, sino porque no nos hemos esforzado lo suficiente. El concepto agustiniano de voluntad como pegamento de mente y esencia sirve ahora para pegar mente y eficiencia.

Traspasadas las aguas del cristianismo a paso casi fugaz, el río filosófico nos detiene en una nueva parada, esta vez en el pensamiento racionalista y cartesiano. El punto de partida de esta doctrina consistía en afirmar que todo lo que es verdadero ha de percibirse claramente y que la razón es la única capaz de reconocer dicha verdad.

Descartes consideraba que, para llegar a la verdad superior y absoluta, todo debía ser descompuesto racionalmente en elementos simples y comprensibles para, deductivamente, llegar a una verdad universal y trascendente. De esta forma, introdujo un reinado de la evidencia en el que habitamos cada vez con mayor profusión. Todo lo que no sea descomponible en partes y factores, todo lo que no pueda ser racionalmente medido y parametrizado, se aleja del territorio de lo verdadero porque no es claramente percibido por la razón. Este método deductivo que buscaba la evidencia mediante la descomposición para calificar las cosas como verdaderas (Descartes, 2020), se convierte en semilla fundacional de nuestra manera de comprender la búsqueda del sentido y de lo absoluto en ocupaciones que sean medibles, comparables y calificables conforme a unos estándares de productividad y eficiencia.

La duda y búsqueda constante de la evidencia para llegar a un absoluto inocula también un relativismo en nuestro modo de pensar y acercarnos a la realidad que choca frontalmente con la idea de la vocación como manifestación fundamental de la verdad absoluta de cada uno. Este relativismo inspira la concepción moderna de las ocupaciones como tareas temporales que hemos de desaprender cada cierto tiempo y nos aboca a la exigencia permanente de «reinvención» y «reciclaje».

Prosiguiendo aguas abajo en este río de reflexiones y pensamientos filosóficos, topamos con la influencia notable de Kant y de su imperativo categórico. Para el filósofo alemán, las reglas de la moral eran tan racionales como las de la aritmética, por lo que lo moral debía responder a unas normas externas a la persona, lo que abría la posibilidad de establecer estándares morales, imperativos categóricos, sobre los que medirnos de una manera racional.

Estos imperativos categóricos se convirtieron en clave de bóveda para juzgar lo moral y lo virtuoso. La moral era el resultado de actuar conforme a una serie de leyes incondicionalmente obligatorias (Kant, 2011: 53). Lo que era moral, bueno y virtuoso era aquello que obedecía los imperativos categóricos fijados por la razón.

Esta idea profunda subyace en el fondo del razonamiento actual respecto a lo productivo y lo eficiente. Hoy tenemos nuestro propio imperativo categórico en el que lo bueno y lo virtuoso es lo que produce y es útil. La vida virtuosa y plena no consiste, pues, en obedecer una llamada vocacional de procedencia intuitiva y no identificada, sino en cumplir con el deber y la obligación moral que, como las reglas aritméticas, nos son impuestas desde fuera. Una moral que nuestro tiempo ha identificado, en parte, con ser más productivos, más eficientes y útiles. Quien no se pliega a esos estándares, a ese imperativo categórico de la productividad y utilidad, siente la tacha de lo inmoral, y esto provoca el alejamiento progresivo de la vocación como posibilidad de desarrollo existencial máximo.

Una identificación del imperativo categórico y lo moral con lo productivo y lo útil que debe mucho no solo a Kant, sino también al utilitarismo proclamado por Bentham y Stuart Mill, las dos próximas estaciones en este particular recorrido.

Bentham creía que el ser humano había de buscar la máxima felicidad en sus acciones, y esa máxima felicidad provenía de emplear la razón para emprender actividades que fueran útiles. Pero como no todas las personas disponían de esa razón, era necesario que esa utilidad fuera medida conforme a lo dictado por instituciones externas y postulados sociales comunes. Así, el camino a la felicidad quedaba fijado por lo que las instituciones decidieran que era realmente útil. Esto condujo a que las personas se consagraran a lograr la excelencia en eso que las instituciones consideraban de utilidad. Cuanto más se cumplieran esos postulados, mayor felicidad obtendrían.

¿No suena esto tremendamente familiar respecto a cómo desplegamos nuestra vida, a lo que obedecemos y a las recompensas que recibimos? En ese imperio de lo útil para lograr la felicidad, la idea de una vocación que no responde a la demanda de utilidad y productividad queda cada vez más aparcada y enmudecida. Por eso, muchas de esas ocupaciones que atienden a esa llamada vocacional terminan relegadas al ocio, un territorio de expansión cuasi lúdica que sirve como descanso, pero que en ningún caso puede ser directora de la vida de nadie, puesto que esto lo alejaría de la posibilidad de ser útil, de ser feliz.

Por su parte, Stuart Mill realizó otra aportación significativa para situar a la vocación en el lugar que ocupa en nuestros días gracias a su peculiar visión de la originalidad, que ligó íntimamente a la genialidad. Mill consideraba que no todas las personas, solo los genios, estaban dotadas del don de la originalidad que permite abrir nuevos caminos (Stuart Mill, 2011). Al identificar individualidad con originalidad, tácitamente relacionó también la individualidad con la genialidad, y de esta forma abrió la puerta a que la vocación, expresión máxima de la individualidad, quedara circunscrita a una suerte de don para unos pocos genios elegidos. ¿Qué ocurre entonces con el resto? Que se pliega a esos parámetros imperativos, se incrusta en la mayoría productiva y eficiente, y cumple con su deber con la idea vana de que así logrará su felicidad en algún momento.

Este descenso del río filosófico quedaría incompleto si no realizáramos dos últimas apreciaciones. La primera remite a Marx, quien afirmaba que la mayoría de las personas existía sin la posibilidad de poder llevar a cabo sus potencialidades, pero negaba categóricamente la existencia de una idea superior, de una llamada que guiara a cada individuo a una vida plena. Esto significaba que cualquier mejora en la existencia de las personas quedaba ligada exclusivamente al cambio en el sistema social, económico y productivo.

Paradójicamente, la aspiración marxista que clamaba por una liberación de las personas del sistema imperante, al negar la existencia de una idea superior de realización que pudiera ser plasmada en la realidad, abocaba a una imposibilidad todavía mayor para dicha realización porque condenaba a las personas a un materialismo y productivismo aún mayor, y abría así las puertas a un funcionalismo exagerado como el que hoy padecemos.

Marx realizó un diagnóstico del trabajador que trascendió su tiempo, pues describió a la perfección el proceso de alienación que sufre el ser humano al convertirse en medio para el funcionamiento de la máquina y para la consecución de la máxima eficiencia y productividad. Una sensación que es común en millones de personas en nuestro mundo actual. Sin embargo, ante este diagnóstico, el marxismo consideraba que el ser humano poseía su verdadera naturaleza fuera de sí, concretamente cuando era útil para un tercero. Un tercero con nombre de eficiencia y productividad, pues Marx opinaba que el trabajo era la esencia del hombre y la producción era la esencia del ser (Marx, 1968). Por lo tanto, si queríamos desplegar nuestra verdadera esencia, teníamos que producir y ser útiles para un tercero. Esta mentalidad, que unía esencia, productividad y naturaleza humana con utilidad a un tercero allana el camino para entender que nuestra vida ha de dirigirse hacia el cumplimiento de los requerimientos del sistema productivo si queremos realizarnos.

No cumplir dichos postulados, no detentar una ocupación productiva según los cánones del momento, lleva al ser humano a no ser, a abandonar su esencia, por lo que cualquier atisbo de desarrollar una vida de vocación como entendimiento de una llamada suprema y superior queda no solamente imposibilitada, sino olvidada.

Insistía también Marx en que la vida del hombre tenía que desplegarse en lo práctico, y esa practicidad solo podía medirse a través de lo que era útil y evidente, como avanzó Descartes, lo que refuerza el que despleguemos nuestras vidas según los estándares exigidos en la contingencia del momento para poder tener una verdadera vida.

Asimismo, el marxismo ha influido en ese olvido de la vocación como manera de vivir al postular que la naturaleza es movible y no fija. Rechazar la existencia de una naturaleza fija e inmutable propia de cada individuo impide, de facto, la posibilidad de una llamada particular y única para cada ser humano. Toda naturaleza es movible y mutable, por lo que evoluciona y es adaptativa en su totalidad. Así pues, no consiente la idea de haber nacido para algo específico que proclama la vocación, dado que eso representaría la existencia de una esencia inmutable que chocaría contra su concepción de naturaleza permanentemente movible.

Si no hay esencia ni unicidad, sino que somos naturaleza movible, y somos en tanto en cuanto servimos a lo exterior en forma de productividad, se concluye que, tal como sucede en nuestros días, las personas debemos reinventarnos a cada cambio exterior que se produzca en las necesidades productivas del momento, y reconfigurar los talentos no respecto a lo que nosotros podamos ser, sino respecto a lo que se nos demanda desde la sociedad.

Esta base de pensamiento marxista posee un entronque directo con el existencialismo, última estación de este periplo histórico-filosófico. La idea marxista de movilidad, de naturaleza voluble y no fija fue recuperada por un existencialismo que afirmaba que 'primero existimos y luego somos'. Ese aserto que colocaba primero la existencia y luego la esencia no dejaba de apuntalar el fundamento de que no hay llamada que provenga de un lugar extramundano. La existencia del ser humano es una existencia vacía que cada uno llena posteriormente con sus propias decisiones, caminos tomados o, como recuerda Sartre, con sus intenciones, y solo mediante esas decisiones, caminos e intenciones, conforma y compone su esencia.

Para Sartre, la esencia no proviene de una fuerza que nos es ajena, sino que la conformamos con nuestra intención, con nuestra voluntad de ser, algo que contraría de plano la idea de la vocación como una llamada y nos obliga a seguirla y a dedicar toda nuestra vida a ella.

La premisa existencialista de que somos una hoja en blanco que rellenamos con nuestras intenciones nos obliga a hacer realidad dichas intenciones mediante la ejecución de funciones, actividades, ocupaciones y cometidos que den contenido a esa hoja en blanco. Dicha premisa ha sido aprovechada por el sistema productivo para establecer un conjunto de talentos y de competencias estándar que debemos cultivar para rellenar esa hoja en blanco que es nuestra existencia, para tener una esencia que ya no es propia, sino propuesta desde el exterior.

El existencialismo refuerza también la necesidad de «reinvención» y de «reciclaje», que tanto se nos reclama en estos días, y que enfrenta directamente la posibilidad de atender una llamada que camina justo en dirección contraria, en la de aferrarnos a algo y ocuparnos de ello toda nuestra existencia. Para Sartre lo esencial era la contingencia (Sartre, 2011). De esta forma, relacionaba directamente el anhelo del ser humano de hallar su esencia con la idea de lo contingente, con la necesidad de adaptarse y mudar según la circunstancia cambiante del momento. Esa muda constante se convierte hoy en ese reclamo de aprender y desaprender, de renovarse, «reiniciarse» y «reciclarse» según dicte la contingencia. El cambio es lo único permanente, y adaptarse a él la única esencia que se mantiene.

La persona vive de contingencia en contingencia, y en esas contingencias se conforma su esencia. Esa interpretación de la esencia humana choca con la vocación que es una fuerza centrífuga, un punto de apoyo sobre el que gira toda nuestra existencia y que se mantiene firme por encima de cualquier circunstancia. Frente al ser deslavazado y contingente que cree definir así su esencia, la llamada vocacional representa la esencia inmutable que usa la contingencia y la circunstancia para desplegarse, pero no para conformarse.

Este río filosófico tan profuso y caudaloso del que hemos tomado puntualmente algunos pensamientos, reflexiones y doctrinas, nos ha desembocado en una realidad actual en la que nos encontramos desintonizados con lo vocacional, pues la vocación posee unas maneras propias de mostrarse y expresarse a las que nosotros prestamos los sentidos equivocados. Nos malentendemos con ella y no la vemos ni escuchamos porque esperamos que nos chille, pero lo vocacional no chilla, aunque tampoco es silenciosa ni se calla.

CAPÍTULO 3

NO ME CHILLES, QUE NO TE VEO

Comprendiendo la vocación, el «ser
ahí» oye a su más peculiar posibilidad de
existencia. Se ha elegido a sí mismo.

MARTIN HEIDEGGER

¿La vocación chilla? En absoluto, pero tampoco es silenciosa ni
se calla. En realidad, ella está siempre, ella siempre nos habla, nos
susurra. No desespera, así que no ve necesidad de expresarse a gritos.
Es constante y tenaz, y solo muere cuando nosotros morimos.

Jamás chilla, ni lo hará, pero tampoco dejará de hablarnos, de acom-
pañarnos en nuestro sueño y en nuestro desvelo, en nuestro deambular
despistado y en nuestro acto más reflexivo, en la soledad y en la compa-
ñía. Reclama nuestra atención porque atenderla es elegirnos a nosotros
mismos y desplegar nuestra más peculiar posibilidad de existencia (Heidegger, 2018: 313).

La vocación es una llamada, pero no esa llamada exterior que nos
requiere cumplir con lo que es demandado por la contingencia. Tampoco es una llamada que resuena solo y únicamente en nuestro interior,
porque la vocación no pretende volvernos en exclusiva hacia nosotros
mismos, ensimismarnos con nuestro ser más íntimo y encerrarnos en él
como ermitaños.

La vocación nos trasciende y nos es dada a todos. No es asunto
de unos pocos afortunados regalados con un don especial. La llamada
vocacional es tan consustancial al hombre como su propia existencia.
Todo ser humano que existe, existe con su particular vocación, y recibe

su propia llamada que nos convoca a algo muy particular que los antiguos griegos sabían bien. Nos empuja a llegar a ser lo que somos, ni más, ni tampoco menos. Ser en la vocación es ser en absoluto, elegirse a uno mismo y ser la más maravillosa y peculiar posibilidad de existir. Peculiar porque la vocación es propia de cada uno y de nadie más. Maravillosa porque vivir en la vocación es existir en la verdadera virtud, que no es otra que la de ser lo que se debe ser. Por eso solo se es absolutamente cuando se vive en la vocación, cuando se existe por y para la llamada particular que todos y cada uno de nosotros poseemos.

La vocación nos habla, lo hace constantemente, pero nosotros no prestamos oído, solo ojos. Intentamos verla, porque es a la vista donde se nos presenta lo que es más evidente, pero no la hallamos porque ella no es evidente. Ella nos habla, pero nosotros no escuchamos, solo miramos, porque acostumbramos a vivir con la primera vista, y lo que no es detectado en una primera visión no es atendido.

Pero la vocación no chilla, ni se muestra a primera vista. No es algo que se nos aparezca como un destello deslumbrante, ni como una súbita revelación surgida de un momento de lucidez excepcional. Su ritmo es persistente y su aparición perseverante, pero no atronadora. Aun así, sabemos que está ahí. Puede que no se divise de un vistazo, pero somos conscientes de que está con nosotros. Sin embargo, desoímos su llamada y nos estafamos a nosotros mismos con una falsa trayectoria vital (Ortega y Gasset, 2006: 487).

Nos falsificamos y nos estafamos al crear un camino de vida que no nos conduce a elegirnos a nosotros mismos y a ser nuestra mayor posibilidad. Camuflamos la desazón que nos produce ese autoengaño con el esfuerzo y la disciplina incansable por ser útiles y eficientes, con el cumplimiento del deber y las obligaciones que la exigencia de productividad nos impone.

Pero cumplir con ese deber productivo no nos hace virtuosos ni nos conduce a vivir una vida buena ni plena, tan solo nos libera temporalmente de la carga de nadar a contracorriente, de sufrir la incomprensión de la gran masa. Nos conformamos con ser competentes en aquello que realizamos y con desarrollar al máximo las habilidades que nos sean demandadas desde el exterior. Nos ajustamos a la colección de competencias de moda que se establecen para ser productivos y útiles, nos medimos respecto a ellas, competimos con los demás y, si nos desencajamos porque los tiempos cambian, entonces nos «reciclamos» y «reinventamos» cuantas veces sea necesario.

Autoengañados, nos despistamos de nosotros mismos, desoímos la llamada vocacional y dejamos de elegirnos para elegir una posibilidad de ser mediocre, estandarizada, clonada de los demás, que busca una pasión que no acaba de llegar y que se conforma con la mística del estatus y la jerarquía social.

Pero la vocación es tenaz y perseverante, mucho más que nuestros autoengaños y, en determinados momentos vitales, ya sea porque algún acontecimiento nos golpea inesperadamente, ya sea porque nos cuesta encontrar sentido a lo que hacemos, o simplemente porque el paso de los años nos sitúa en esa posición en la que descubrimos que el tiempo ha transcurrido demasiado rápido, esa voz susurrante y permanente parece que nos reclama con más intensidad, que nos chilla. Pero no nos chilla, simplemente es que hemos dejado de mirarla con la primera vista y hemos acallado los ruidos exteriores que nos impedían escucharla con la nitidez necesaria.

Es en esos momentos cuando la percibimos con claridad y lamentamos no haber optado por habernos elegido a nosotros mismos y ser nuestra mejor posibilidad. Son esas circunstancias de absoluta consciencia las que permiten descubrirnos a nosotros en nuestra estafa, en esa trayectoria vital falseada de la que nos arrepentimos. Nos preguntamos si esa llamada se expresó siempre con la misma claridad y la respuesta es afirmativa, porque la vocación no toma forma con el paso del tiempo ni con la sucesión de experiencias vitales, sino que siempre estuvo y está ahí.

La vocación no es algo que surja con el paso del tiempo y de nuestras vivencias, aunque esa visión alimente nuestro autoengaño, nos justifique y tranquilice mientras no atendemos su llamada. Nos justificamos y estafamos cuando consideramos que en nuestros años más jóvenes no poseemos la suficiente madurez ni experiencia vital como para dilucidar lo que es o no vocacional, como si dependiera de los pasos que damos o de las ocupaciones que desempeñamos. Partimos de la premisa errónea de que la vocación evoluciona con el paso del tiempo y de las experiencias que vivimos.

Pero la vocación está con nosotros desde el comienzo y jamás varía, aunque tengamos millones de experiencias distintas. Es una llamada peculiar para cada uno de nosotros cuya única variación es que, dependiendo del momento vital, buscará maneras diversas de desplegarse. Por eso su llamada puede ser escuchada en cualquier momento. Si la manifestación de lo vocacional dependiera de la experiencia y de las vivencias, no encontraríamos personas que, desde su infancia o juventud, muestran una inquebrantable firmeza y determinación en su vocación a pesar de su corta vida y experiencia.

Igualmente, si la vocación evolucionara y se conformara con la experiencia, esa misma vocación sufriría cambios. Sin embargo, cuando topamos con personas que viven en la vocación, observamos en ellas una extraordinaria persistencia, un mantenimiento en su forma de vivir que poco tiene que ver con esa evolución proclamada.

Tampoco la vocación madura con el transcurrir del tiempo, aunque esa idea ayude a consolidar nuestro autoengaño. Si la vocación tomara cuerpo con el pasar del tiempo y en sus comienzos fuera casi imperceptible, nadie podría atenderla en sus años más tempranos y, de la misma manera, todos deberíamos desplegarla cuando esta vocación hubiera adquirido forma y contorno con ese pasar del tiempo, cosa que no sucede en absoluto.

La vocación no se construye por sí misma con el transcurso del tiempo, ni se edifica a medida que acumulamos experiencia, porque nace con nosotros. Las experiencias de vida pueden afinar mejor nuestros oídos para escuchar esa vocación que nos habla, pero no nos chilla. Quemar etapas, en ocasiones, nos quita un velo de ignorancia, de ceguera y de sordera ante la llamada de la vocación, y nos dispone de manera adecuada para, por fin, escucharla. El paso del tiempo y la acumulación de experiencias no configuran la vocación ni la moldean, pero pueden suprimir capas que antes la ocultaban, eliminar los artificios con los que cubrimos a lo largo de nuestra vida la que es nuestra mayor posibilidad de ser.

Por eso, la juventud y la vejez son dos de los momentos vitales en los que nos es más fácil resintonizar con la llamada vocacional. En la juventud los artificios que el sistema construye para insertarnos en él todavía no nos llegan en toda su dimensión, y esto facilita la posibilidad de escuchar la llamada de la vocación. En la vejez, las experiencias vitales y los años vividos nos hacen ver todos esos artificios que nos impedían escuchar la llamada y nos desprenden de ellos para reconectar con lo vocacional.

Cuando nos proporcionamos esa distancia y esa claridad, descubrimos que haber sido obedientes con esa demanda contingente externa nos ha alejado de nosotros. Son esos momentos en los que nos preguntamos acerca de lo que hemos hecho con nuestra vida y nos lamentamos por el tiempo y las oportunidades perdidas. Nos sentimos defraudados con nosotros mismos y con la propia vida porque hemos realizado un esfuerzo ímprobo por ajustarnos a esos talentos requeridos, porque hemos intentado hacer las cosas con la pasión reclamada y, sin embargo, estamos más exhaustos y vacíos que nunca.

Son momentos en los que a nuestra mente acuden pensamientos recurrentes que nos expresan aquello de «si hubiera hecho esto o lo otro» o que nos interrogan acerca de lo que hubiera pasado si no nos hubiéramos dejado llevar por la corriente mayoritaria que nos impelía a desarrollarnos tal y como ella nos decía, no tal y como nosotros deseábamos.

Pocas cosas resultan tan dolorosas como ese descubrimiento, y pocas cosas son tan ciertas como que, tarde o temprano, este se produce en todos y cada uno de nosotros, sin excepción alguna. La voz tenue y permanente que hace poco era obviada se transforma en nuestro juez más cruel, en el examinador ante el que nos presentamos como el que esconde el talento bajo la tierra y ha de rendir cuentas ante quien se lo prestó. Ni lo gastamos ni lo multiplicamos, simplemente lo perdemos de vista durante buena parte de nuestra existencia. Pero cuando llega el momento de rendirnos cuentas ante nosotros mismos, nos percatamos de que hemos hecho y sido lo que otros querían, que hemos elegido lo que otros deseaban de nosotros y no nos hemos elegido a nosotros.

De nada vale la recompensa de esa mística de jerarquía y posición, de dinero y prosperidad económica, más bien lo contrario. Esa mística se vuelve en nuestra contra puesto que nos señala con más ahínco, si cabe, la dimensión de nuestra falsificación, de ese autoengaño que cometemos con nosotros mismos. Cuanto más hemos entregado nuestra existencia a alcanzar esa jerarquía y posición, esa abundancia económica, más distancia se establece entre la peculiaridad de existencia que representa lo vocacional y la vida real desplegada.

Una mística que nos abandona rápidamente porque es artificial, que nos deja huérfanos y que nos culpa a nosotros de no haber sido nuestra mejor posibilidad, a pesar de que a lo largo de toda nuestra existencia no ha dejado de reclamarnos, de alejarnos de esa llamada, de opacarla y silenciarla, de amenazar con dejarnos fuera de juego si no seguíamos sus reglas. Cuando la llamada se hace más presente en nosotros, la mística del mundo material y utilitario huye, nos abandona, y nosotros nos topamos frente a frente, solos, ante esa vocación no atendida ni desarrollada.

Para resintonizar con la llamada particular que siempre nos habla, resulta fundamental entender bien la vocación. La vocación nos inclina hacia una determinada forma de ocupar nuestra vida y no a otra, demanda toda nuestra concentración. No se pliega a los conjuntos de competencias demandadas desde el exterior, no busca satisfacer ni cultivar los talentos y habilidades requeridos por la contingencia, sino que posee su propio espacio y su propio tiempo, aunque, a pesar de ello, está más conectada con la propia vida y con su auténtica profundidad que cualquier otra ocupación que responda con diligencia y obediencia a los reclamos del sistema de turno.

La vocación no pasa de moda porque nunca está de moda, por eso siempre es actual. Tampoco busca el rédito de lo pecuniario ni está interesada en esa mística de la jerarquía y el prestigio, porque ella misma se sobra y se basta. Igual que un escritor entra en la profesión con el ardor de un primer amor, y disfruta de su práctica mucho antes de pararse a calcular el beneficio económico (Stevenson, 2005: 218), quien escucha la llamada y vive en su vocación posee el ardor y la energía de ese primer amor y, en esa entrega, poco o nada le importa la remuneración salvo para mantenerse lo suficiente para continuar viviendo en su vocación.

Y es que la vocación se vive, mientras que las ocupaciones que nos reclaman ser productivos bajo el encantamiento de la remuneración y la posición social, tan solo nos permiten vivir de ellas. En la vocación se vive y con esas otras ocupaciones se sobrevive. El ser humano que vive en la vocación no depende de ella, no se encuentra sumiso, porque es él mismo en su máxima expresión, porque se ha elegido a sí mismo. Las personas que viven de ocupaciones que son propuestas por lo que se demanda desde fuera, que prometen el premio del prestigio social y del progreso económico, establecen una relación de dependencia que se sostiene en el temor a la pérdida.

La vocación es como una piedra preciosa en bruto. Está desde siempre con nosotros y lo que hemos de hacer es pulirla y darle la forma adecuada a través de nuestros actos. No es territorio exclusivo de unos pocos elegidos, sino que existe en todos y cada uno de nosotros, sin excepción. El ser humano, por el hecho de ser y de su naturaleza humana, nace con una vocación, con una llamada que le invita a ser su mejor posibilidad.

Erramos y nos desintonizamos al instrumentalizar la vocación, al tratar de encajarla con los modelos sociales del momento y reducirla a una mera ocupación útil y a un conjunto de competencias y habilidades que cuadren con los requerimientos productivos del momento.

La vocación no ha de entenderse solo como un conjunto de habilidades funcionales que uno debe desarrollar porque le gustan y se le dan bien. La vocación es mucho más, por eso rebasa la idea de que pueda encajar en cualquier estándar de competencias. La vocación es el eje sobre el que pivota toda nuestra vida al completo, no solo el trabajo. No puede encorsetarse, sino entenderse como un gran lienzo que ha de rellenarse con pinceladas a veces gruesas, a veces finas, a veces de un color y a veces de otro. Pero siempre dentro de ese lienzo, de esa llamada que es el pilar que vertebra la vida más plena que uno puede vivir, que es la de elegirse a uno mismo.

Entender la vocación como algo que todos poseemos no solo nos obliga a nosotros a resintonizarnos con esa llamada y a escucharla, aunque no nos chille, sino también a las administraciones, instituciones y sociedad en su conjunto, que deben facilitar el entorno necesario para que se produzca esa escucha por todos y cada uno de sus miembros, sin excepción alguna. Si el progreso busca el bienestar de la sociedad, no hay mejor política social que la de contribuir a que las personas atiendan su vocación y vivan conforme a ella.

CAPÍTULO 4

LAS PREGUNTAS EQUIVOCADAS...
¿DÓNDE? ¿CUÁNDO? ¿CÓMO?

> ¿Qué son esta tierra y este mar que tanto
> he contemplado? ¿De dónde vienen?
>
> DANIEL DEFOE

¿Dónde? ¿Cuándo? ¿Cómo? Si algo nos desconcierta y se sale de común, sea por su inmensidad, por su poder o por su capacidad de controlar nuestra naturaleza humana, de inmediato nos preguntamos por el «dónde», el «cuándo» y el «cómo» para reubicarnos.

Ante lo desconcertante, nos interrogamos acerca del lugar, el momento y la manera en que las cosas suceden para situarnos y tomar posición.

Así ocurre con la vocación, desconcertante, inmensa y poderosa hasta el punto de dirigir toda nuestra vida. Anhelamos conocer el lugar de donde procede, anticipar el tiempo en el que surge y descifrar la forma en que lo hace. Esperamos con ello adquirir la certeza para reconocer la verdadera vocación, atenderla y entregarnos a ella sin equivocarnos. Ansiamos respuestas tangibles que nos proporcionen evidencia, porque el mundo en el que vivimos nos las ofrece en otros órdenes de nuestra vida y, si hemos de salirnos de dicho orden, tenemos que estar seguros, disponer de certidumbres que nos tranquilicen.

Aunque en nuestro fuero interno podamos intuir que existe una llamada que nos invita a ser nuestra mayor posibilidad, la dificultad para encontrar el lugar exacto de su proveniencia, el momento justo de su aparición y la forma en que lo hace, nos lleva a desconfiar y temer que confundamos la verdadera llamada con algún capricho temporal.

Temores exacerbados por un sistema utilitarista que restringe la vocación suprema a unos pocos privilegiados y la sustituye para el resto por un conjunto de talentos comunes que todos podemos y debemos desarrollar para contribuir a la productividad y a la eficiencia. Desde muy niños, somos moldeados con la idea de prepararnos lo mejor posible para una futura ocupación en la que el premio es la posición social y el rédito económico, y en donde el camino para lograrlo consiste en potenciar al máximo el conjunto de competencias que la contingencia reclame.

Pero como la llamada vocacional es rebelde y se cuela entre los vericuetos de nuestros pensamientos obnubilados con la mística de la posición social y el premio económico, cuando se filtra y lo hace con suficiente claridad, nos coloca ante la tesitura de tomar decisiones que van contra la corriente, que muestran una lógica aplastante cuando nos hablan en nuestra soledad, pero que se hacen difíciles de sostener a la luz de lo que se nos dice que es el «mundo real», ese del que depende nuestra supervivencia y nuestro progreso, y en el que se indica la senda marcada que hemos de transitar.

Ese «mundo real» califica a quien se sale del camino de utópico e idealista, de inmaduro e irrealista. Considera que no ha comprendido los mecanismos de la realidad y tacha sus modos de pensar y actuar de cuasi infantiles. Quien manifiesta su intención de vivir en la vocación es tratado primeramente con condescendencia y, después, invitado a que madure, a que lo piense mejor, a que sea realista y deje de llenarse «la cabeza con pájaros» y de «vivir en las nubes», mientras se confía en que su intención sea un devaneo que pase con el tiempo.

Pero si persiste en atender la llamada vocacional, las fuerzas del exterior le conminarán a encontrar evidencias de esa vocación. Por eso preguntamos el «dónde», el «cuándo» y el «cómo». Queremos disponer de una mínima señal que nos garantice que es posible, que podemos ser nuestra mejor posibilidad y elegirnos a nosotros mismos, a pesar de que las voces externas nos indiquen otros caminos.

¿DÓNDE?

Cuando nos interrogamos por el «dónde», deseamos dotarnos de certeza respecto al origen de la vocación y al espacio en el que la encontraremos. Entendemos la vocación como un tesoro que se halla escondido y hemos de buscar con ahínco. La interpretamos como algo concentrado y oculto, escurridizo, que parece que juega con nosotros al gato y al ratón, que ahora se muestra y ahora no. Por eso, unida indisolublemente a la vocación aparece la idea de búsqueda. Es algo que hay que encontrar, por lo que, primeramente, hay que buscarla.

Ya sea desde el ámbito académico como desde el más coloquial, la vocación es continuamente identificada con esa idea de búsqueda y encuentro. Se impone entender esa llamada como algo que está en algún lugar concreto que hemos de buscar voluntariosamente para hallarla como se halla un tesoro.

Andamos a la vuelta de indicios que nos conduzcan al lugar en el que se encuentra. Creemos que nos aguarda en un espacio determinado y que, cuando la descubramos, será una revelación tan magnífica que nos hará ver con claridad todas las respuestas y nos mostrará la senda para vivir con dicha y plenitud. Pero la vocación no se esconde como un tesoro en un lugar particular y definido. Así que, incapaces de localizar ese lugar donde imaginamos que reside la vocación, y concentrados en responder voluntariosamente a la demanda de utilidad y productividad del exterior, terminamos por aceptar la idea de que vivir en la vocación es una quimera, algo imposible de lograr.

Es entonces cuando nos entregamos con mayor fruición, casi en venganza hacia nosotros mismos, a esa mística de la prosperidad y el progreso social y económico, en un ejercicio de autoflagelación en el que nos conducimos por un camino que no es el nuestro para vivir una vida falsificada. Paradójicamente, preguntarnos por dónde reside la vocación como si estuviera en un lugar determinado y único, lejos de proporcionarnos una evidencia tranquilizadora que nos entregue de lleno a esa vida vocacional, produce el efecto contrario y nos deja en brazos de ocupaciones sucedáneas que el sistema nos propone. Nos conformamos con ser útiles y productivos, con desarrollar una serie de competencias a las que se les añade el leve dulzor de hacer aquello que se nos da bien y nos gusta para restar el amargor de no elegirnos a nosotros mismos.

Pero la vocación no se encuentra en ningún lugar y se encuentra en todos a la vez. «¿Qué son esta tierra y este mar que tanto he contemplado?

¿De dónde vienen?» (Defoe, 2004: 113), se pregunta Robinson Crusoe en el pasaje que abre el capítulo. Quiere saber de dónde proceden esa tierra y ese mar inmensos y poderosos que le dominan. Lo mismo nos sucede a nosotros con la vocación, inmensa y poderosa. Deseamos saber de dónde proviene, y queremos hallarla en un lugar determinado para disponer de certezas.

Pero la vocación es el elegirse a sí mismo, por lo que no hay que ir a buscarla, pues cuanto más la buscamos, más nos alejamos de nosotros mismos y de ella. La vocación no tiene nada que ver con la razón ni con la voluntad de ir a buscarla porque no está en ningún lugar más que en nosotros mismos, porque nace y muere con nosotros. Por eso la vocación no corresponde a ningún lugar específico, sino que vive en y con nosotros.

Vivir en la vocación no es buscar, sino dejarse llevar por lo que intuimos que es, y en ese dejarse llevar, comprobamos cómo cada acto configura poco a poco ese mapa de vida cuyos contornos parecen caprichosos, pero que responden a nuestra mayor posibilidad de ser. Quien en un momento u otro de su vida decide atender a su vocación no tardará en encontrar vestigios de esas llamadas permanentes a lo largo de toda su existencia, desde su más tierna infancia hasta su momento actual.

La vocación no se halla solo en una ocupación determinada, en unas habilidades o talentos concretos, en lo que se nos da bien o en lo que nos gusta hacer. Esos aspectos no son más que derivaciones menores, manifestaciones visibles de algo que va mucho más allá, pues la vocación dirige toda nuestra vida, es la palanca a través de la que fijamos nuestro propósito, nuestros valores. Es la plantilla invisible sobre la que desplegamos absolutamente toda nuestra existencia, no solo un trabajo y ocupación, no solo unas habilidades o formas de actuar. No ha de buscarse a la vocación en ningún lugar, sino que somos nosotros los que hemos de procurarnos los lugares para amigarnos con ella y dejarnos llevar. Pero lamentablemente, no hay nada que el ser humano busque con tanto afán como perturbar la quietud (Pascal, 1962) y el reposo que permiten escuchar la llamada y percibir sus señales.

¿CUÁNDO?

Igual que buscamos una orientación y una evidencia preguntándonos por el «dónde» podemos hallar esa vocación, también lo hacemos con el «cuándo». El conocimiento del momento exacto en el que se producirá nos permite estar prevenidos, prepararnos ante lo que pueda producirse, atender a los detalles y responder sin improvisación.

En nuestro mundo obsesionado con la previsión y con la prevención, la posibilidad de anticipar las cosas y predecir los momentos en los que puedan suceder se ha convertido en un trasunto fundamental. Todo aquello que no sea predecible, todo «cisne negro» (Taleb, 2018) o evento que provenga en un momento no esperado es rechazado de plano por la sociedad, que prefiere hacer oídos sordos y mirar solo allí donde siente que las cosas están bajo su control. Nuestro escenario de vida es el escenario simulado y artificioso en el que podemos colocar a cada cosa su indicador, su avisador y su chivato correspondiente, tanto referido al lugar donde va a surgir como al tiempo en el que lo va a hacer.

Si preguntamos por cuándo se va a producir un acontecimiento, requerimos una respuesta exacta y contundente. Queremos que las previsiones se actualicen según cambia la circunstancia y que podamos anticiparlas a nuestro antojo temporal.

La sociedad actual ha creado un mundo dominado por los procesos y los protocolos, un entorno copado por la burocracia en el que las cosas tienen su momento para suceder y su momento para desaparecer. Lo esperado es lo que mueve gran parte de nuestro día a día en todos los ámbitos de nuestra vida, desde el trabajo al ocio, desde la trascendencia a la amistad. Hoy en día hay un tiempo fijado para cada asunto, un principio y un final que permiten planificarnos para ser más eficientes y saber lo que podemos esperar de cada cosa.

De ahí que el preguntarnos por el «cuándo» sea casi un paso de obligado cumplimiento cuando nos aborda algo nuevo, diferente y desconocido. Atender la llamada de la vocación es algo distinto, algo desconocido a lo que queremos dotar de certezas y de previsibilidad para estar dispuestos como debemos, para que no nos sorprenda ni se salga de nuestros patrones habituales.

Igual que la aguardamos en algún lugar, la esperamos también en algún momento de nuestra vida, en algún tiempo determinado. Imaginamos que, bien sea por ella misma o por las circunstancias que nos acontezcan en nuestra vida, emergerá en algún instante puntual, se nos mostrará con la suficiente claridad y fuerza como para fijar un antes y un después. El mundo actual, cautivado por las historias y relatos de héroes que reciben una poderosa llamada que los lleva por un trayecto de avatares, sucesos y caídas de las que se rehacen y salen victoriosos, identifica la manifestación vocacional con ese momento trascendental y revelador en el que la verdad de uno le es mostrada con especial clarividencia. Ha de producirse ese *momentum*, esa epifanía en la que se nos muestra el camino.

Pasamos así buena parte de nuestra vida esperando esa encrucijada, ese cruce de caminos o circunstancia en la que se nos presente esa llamada redentora. Queremos preverla, saber cuándo sucederá, pero no tenemos la certeza de que a nosotros nos vaya a ocurrir. La idealización del momento, la mitificación del instante que casi se revela como algo mágico lo convierte, de entrada, en una cuestión vedada solo a esos que tienen la posibilidad de que un acontecimiento externo haga brotar ese reclamo.

¿Seremos nosotros uno de ellos o no lo seremos? Nuevamente, se erige la idea de vocación como algo que no es para todos, que tan solo sucede para unos pocos privilegiados que han sido tocados con una magia especial. La reorientación vital ante la aparición de una llamada suprema y superior es algo para lo que ha de mostrarse un heroísmo y unas aptitudes de las que casi todos carecemos. Lo vocacional se reviste de un halo mítico que la hace deseable, pero, a su vez, inalcanzable para una gran mayoría.

Nuestra vida se desliza así entre el temor y la esperanza de que se produzca ese hecho que nos revele el camino, entre la resignación de lo que no llega y la ilusión de lo que podría ser. Y entre medias de todo ello, siempre resuena ese '¿cuándo?' y, con él, el miedo a no estar preparado, a no haber escuchado con atención, a no mostrarnos con la debida disposición.

La interpretación de la vocación como algo que nos es impuesto como una misión especial que recibimos desde nuestras afueras, desde el exterior, y que lo hace tan solo en personas muy particulares en un momento muy determinado aleja la idea de lo vocacional como una llamada personal, única e intransferible que todos y cada uno de nosotros poseemos y vivimos. Transforma algo que es común a todo ser humano en una cuestión de privilegios no pedidos, de circunstancias sobrevenidas, de momentos puntuales y definitivos.

Pero no se puede fijar un cuándo ni un momento particular si atendemos a la idea de que la vocación es el ser humano mismo en su mejor posibilidad de ser, que vivir en la vocación es vivir eligiéndose a uno mismo. Si esto es así, no puede haber momento puntual ni un cuándo en el que todo surja, puesto que nace y muere con nosotros. Como recuerda Herman Hesse (2019: 153), «nada ha sido ni será; todo es, todo tiene una esencia y un presente». La vocación es un presente que se acumula, no es un pasado ni tampoco un futuro, aunque con ella caminamos hacia el futuro y hacemos pasado. Pero la vocación es siempre, no ha sido, ni será. Y lo que es siempre no puede ser reducido a un momento, ni a una revelación puntual, ni a un acontecimiento extraordinario.

La vocación es extraordinaria porque es ordinaria, porque está de continuo en cada uno de nosotros, porque es indivisible de cada ser humano. ¿Cómo separar la semilla del árbol? ¿Cómo separar el árbol de la flor y del fruto? Igual de imposible resulta separar la vocación de cada persona, hacerla rehén de un suceso y un estado clarividente y privilegiado puntual, que puede o no producirse.

La vocación es, no se produce ni ocurre, por lo que no tiene tiempo ni momento. Son los ruidos incesantes del exterior envueltos en las costumbres e inercias, en la necesidad de ser productivo y eficiente, en la demanda de una supuesta practicidad que contribuya al bienestar del mundo, en el miedo a la no supervivencia y en la necesidad de sentirse integrado en el sistema, los que ensordecen su constante presencia y reclamo. La vocación es la llamada permanente a ser nuestra mayor posibilidad por lo que, si es permanente y continuada, no está sujeta a un instante determinado. No puede ser prevista porque lo que ocurre en todo momento no requiere de previsión.

La vocación no es ni tan siquiera una cuestión de edad. Está en la más tierna infancia, en la niñez, en la adolescencia, en la juventud, en la mediana edad, en la madurez y en la vejez. Está en todas esas etapas de nuestra vida porque si estamos nosotros, está siempre nuestra mayor posibilidad de ser. Lo vocacional no se reformula ni varía con el tiempo, no se configura con el paso de ese tiempo ni de las experiencias. Lo único que cambia es la manera en que le damos forma, en que la desplegamos en vida, en que rellenamos ese puzle íntimo de vida. No hay vocaciones prontas ni tardías, porque ni el 'pronto' ni el 'tarde' tienen cabida en la vocación. No hay momento ni tiempo, sino vocaciones atendidas y vocaciones no atendidas.

Quien decide desatender esos ruidos exteriores, esas presiones y temores que atenazan y amenazan, poco a poco volverá a detectar esa llamada permanente y constante que nunca se fue. Tanto si es en la niñez como si es en la vejez, no es una vocación temprana ni una vocación tardía, es simplemente que dejamos de vivir comprimidos y oprimidos por la presión de lo exterior, por las voces amenazantes que nos impelen a obedecer los designios del sistema productivo, económico y social contingentes, para prestar atención a nuestro propio ser mismo. Significa que hemos decidido elegirnos a nosotros mismos, ser nuestra mejor posibilidad, en lugar de ser lo que otros deciden por nosotros y ser su mejor posibilidad, no la nuestra.

Este cambio de perspectiva no requiere de un acontecimiento ni de un momento especialmente reveladores. De hecho, no existe ese *momentum*. Ese acontecimiento que pensamos revelador no representa más que un hecho puntual que puede acelerar un proceso que ya está en marcha, porque la vocación siempre está en marcha, siempre está preparada y activa para ser desplegada. Por lo tanto, no hay un 'cuándo' para la vocación, porque la vocación es y está siempre. No es necesario prever ni estar preparados para un acontecimiento desencadenante, porque la vocación está siempre presta a desencadenarse sin mediar ningún hecho externo.

¿CÓMO?

Si con el «¿dónde?» y el «¿cuándo?» intentamos infructuosamente ubicarnos conforme al lugar y el momento en el que la vocación puede aparecer, con el «¿cómo?» buscamos descubrir la forma en la que lo vocacional puede mostrarse. Nuestra sociedad vive obsesionada con el «cómo», con la manera en que algo se produce, tanto o más que con la propia cosa que se produce.

Habitamos un mundo empecinado en los métodos, los procesos y los procedimientos. En el universo de lo productivo y de la eficiencia, nada resulta más útil que reducir todo a un conjunto de procesos controlables donde lo que allí acontezca posea trazabilidad, pueda ser seguido, controlado y monitorizado. Si hay posibilidad de crear procesos, hay posibilidad de crear método, y donde hay posibilidad de crear método, existe también la opción de replicar. Y pocas cosas gustan más a la esfera productiva que lo que es replicable, escalable, previsible y altamente controlable. Lo que se replica es seguro, genera un menor coste, produce más y lo hace en menor tiempo.

Los métodos, los procesos y los procedimientos se interesan sobremanera por el «¿cómo?». Si vivimos en un universo atestado de procesos y procedimientos que invoca al método como mejor fórmula para el despliegue de las cosas, parece lógico que cada uno de nosotros, ante la posibilidad de vivir en la vocación, de atender y desplegar la existencia conforme a esa llamada, no solo queramos saber dónde y cuándo va a aparecer, sino también cómo lo va a hacer.

¿Cómo se manifiesta esa llamada? ¿Cómo nos llega a cada uno? Estas dos preguntas esconden la necesidad casi obsesiva de conocer la experiencia del otro con la ilusión y esperanza, vanas en sí mismas, de que conociendo la forma en la que otros lo han vivido, nosotros podamos experimentar el acontecimiento de la misma manera. Así, tendremos la garantía de identificar adecuadamente esa llamada verdadera. Si cumple el mismo patrón, si se producen unos procesos similares, entonces sabremos detectarla correctamente, tendremos claro que esa es la llamada y aprovecharemos la experiencia del otro para andar ese camino con la seguridad y tranquilidad de lo que ha sido probado.

Nuevamente, esta tercera pregunta pretende desesperadamente hallar certezas mediante la detección de procesos y patrones, como si la vocación sucediera como lo hace cualquier actividad en cualquier fábrica. Buscamos reducir la vocación a otro asunto más de los que vivimos en nuestro día a día y responder a ella con la fórmula magistral de 'si sucede esto, será esto otro'. Certidumbre y eficiencia son dos valores de nuestra época que se buscan con fruición en cada cosa y que intentan replicarse con desesperación cuando nos enfrentamos a la posibilidad de atender la llamada vocacional.

El proceso y el método nos relajan y proporcionan seguridad porque transitamos por un camino ya hecho y definido que nos deparará pocas sorpresas, tanto para bien como para mal. El método y el proceso evitan riesgos e incertidumbres, nos hacen previsibles y dirigibles, algo que gusta a una sociedad que busca lo útil y eficiente. Recorrer esa senda trillada es entonces la forma más sensata de sentirnos integrados y de ser valorados por los demás y por la sociedad, de resultar productivos y eficientes, y así ser también premiados con el ascenso social y la remuneración económica.

Siendo así, ¿quién no preguntaría en su sano juicio por ese «cómo» que nos aporta certezas, que nos muestra caminos ya andados por otros sobre los que transitar? ¿Quién tiene el valor de aventurarse a la incertidumbre de vivir en la vocación si esta no posee una forma definida, un patrón bajo el que hacerse identificable por anteriores experiencias, si no puede ser replicada por nadie porque es específico de uno mismo?

El mundo altamente instrumentalizado en el que habitamos prima lo que puede ser aplicado y, más aún, lo que puede ser aplicado con suma evidencia. Evidencia que solo puede existir si lo que esperamos tiene una manifestación igual o similar a algo que previamente ha acontecido, para así poder compararlo, establecer las similitudes y adquirir certezas que nos aporten seguridad.

Ese manto invisible pero bien presente de una cultura que valora lo instrumental, lo evidente, lo comparable, y que rehúye las incertezas y lo que es de verdad único y diferente, nos penetra con su influencia y nos lleva a desoír la verdadera llamada vocacional para confundirnos y enredarnos en otros reclamos superfluos que rinden pleitesía al culto a lo productivo, lo eficiente y lo aparentemente útil.

Preguntándonos el «cómo» en busca de certidumbre, de pistas que nos orienten para hallar nuestro camino, de métodos y procedimientos que nos faciliten el trabajo y esquiven el peligro de errar en la decisión más importante, nos conducimos justamente de manera contraria a lo anhelado y nos alejamos de nuestra mejor posibilidad de ser para adentrarnos en la senda de lo que otros eligen que seamos. Buscar incesantemente el «cómo» para atender la llamada de lo vocacional nos lleva a su opuesto, a vivir una farsa, una mentira dolorosa, un sinvivir viviendo.

Intentar aplicar un «cómo» y una instrumentalidad al proceso de atención a la vocación es cuanto menos algo estéril, y cuanto más, peligroso. Aplicar métodos matemáticos y mecánicos para su escucha es tan errado como «quienes para oír los sonidos u oler los olores quisieran emplear los ojos» (Descartes, 2020: 69). Efectivamente, nadie olfatea con los ojos ni escucha con la vista. Igualmente, es imposible atender la llamada de la vocación empleando fórmulas utilitaristas o métodos y procedimientos reglados y pautados.

La vocación trae consigo la mayor certeza que se puede tener, que es la de ser y vivir la mejor posibilidad de uno mismo. Pero no es algo comprobable empíricamente con herramienta ni indicador alguno, ni analógico ni digital. Esa incapacidad de medición que impide responder al «¿cómo vendrá y cómo se manifestará?» es lo que nos sume en una incertidumbre más material que vital, más instrumental que existencial.

Es esa imposibilidad de reducir la vocación a una unidad de medida, a un patrón común y a un procedimiento lo que nos crea la duda, lo que nos hace desconfiar de esa fuerza constante y tenaz, aunque casi inaudible frente al ruido exterior. Esa duda creada por la imposibilidad de comparar, de cotejar y medir la decisión que tomamos jamás nos abandona cuando optamos por vivir en la vocación. La vocación no es concreta ni específica en sus manifestaciones, sino difusa y expandida. No es puntual ni se ubica en lugar alguno, sino que está en todas partes y a todas horas. No se traduce en una cosa única, en un empleo, una actividad, una tarea, un conjunto de competencias o algo que se nos da bien. Es eso y muchas otras cosas. Es ese puzle invisible que se completa al son del paso de la vida y de las acciones que realizamos conforme a esa llamada. Ese desvelarse y desplegarse de continuo, sin principio ni fin, sin espacio ni tiempo concreto, sino desde siempre y hasta siempre, rebosa cualquier intención de medición, de control y, por lo tanto, quien existe en su vocación ha de aceptar la idea de convivir de continuo con la duda que el mundo utilitarista y material del momento le crea.

Dudas que casi siempre son temporales y que vienen del brazo de un falso confort que quien vive en la vocación rechaza, puesto que no hay cosa más inconfortable que vivir sin vocación. Por eso, hoy resuenan más que nunca aquellas palabras de Renan cuando manifestaba que «la duda es tan bella que acabo de rogar a Dios para que no me libre jamás de ella; porque yo sería menos bello» (cit. en Ortega y Gasset, 1959: 36). Cuando vivimos en la vocación, no nos sacudimos nunca esa duda exterior, pero esa misma duda es la que nos confirma en nuestra decisión y la convierte en bella porque nos reafirma en la intención de elegirnos a nosotros mismos, de ser nuestra mayor y mejor posibilidad.

Por eso esa duda es bella, porque su existencia confirma que vivimos nuestra mejor posibilidad, y por eso sin ella seríamos menos bellos, puesto que ya no seríamos nuestra mejor posibilidad. La ausencia de duda puede que incluso, como remarca Renan, nos proporcione una felicidad aparente, material y medible, pero es una felicidad que desaparece con el tiempo, y que nada tiene que ver con la verdadera belleza de ser uno mismo, de elegirse a sí mismo.

La vocación no es un camino recto, sino que, parafraseando nuevamente a Renan, es un camino en zigzag (*ibid.*), un trayecto lleno de lógica y coherencia para quien lo transita y, sin embargo, imposible de comprender para quien se encuentra fuera y trata de juzgarlo e interpretarlo a los ojos de las contingencias y las tendencias imperantes.

Esa óptica utilitaria y obsesionada por lo productivo y lo eficiente solo entiende la dirección más corta, la línea recta, y cualquier desvío de ese trazado le supone una pérdida de tiempo y de recursos que no puede permitirse. La vocación y quien vive en ella, por el contrario, no se rigen por esas normas ni patrones, por eso caminan en zigzag, van de un lado a otro, se detienen unas veces, mientras que otras avanzan a pasos agigantados. Poseen sus propias reglas que solo responden a ese puzle particular, a esa plantilla invisible que cada uno hemos de rellenar si queremos ser nuestra mejor posibilidad.

No hay precocidad ni tardanza en la vocación, simplemente disposición a atenderla antes o después, porque la llamada está continuamente presente. No es de ayer ni de mañana, sino siempre de hoy. Por eso no ha de sorprendernos encontrarnos con niños que, desde su más tierna infancia, poseen una alta sensibilidad a esa llamada y viven en su vocación desde casi sus primeros años, y con personas que atienden esa llamada ya en sus años de vejez, y descubren con satisfacción un horizonte desconocido, inmenso y retador que dirige su vida de una forma absolutamente diferente a como estaba acostumbrado.

No es que se despertara antes o se despertara después, puesto que la vocación está siempre despierta, sino que es la propia persona la que, por distintas circunstancias, ya sean por su propio temperamento natural o por las contingencias que le rodean, no ha prestado la suficiente atención o no ha podido aislarse de las presiones de lo externo, y ha desoído esa llamada tenaz y persistente frente al ruido poderoso y extremo de lo que nos rodea y proviene de fuera.

¿Dónde? ¿Cuándo? ¿Cómo? son preguntas racionales y lógicas que nos hacemos porque la sociedad nos amenaza con los peligros de la incomprensión, el aislamiento y la precariedad si no acertamos en nuestra decisión. Puede que esa llamada nos resulte muy tentadora, pero la cultura imperante nos empuja a disponernos a escuchar, atender y juzgar dicha llamada con los instrumentos con los que detectamos y medimos aquello que es útil y práctico. Requerimos seguridad, necesitamos certidumbre y por eso preguntamos acerca del lugar en el que puede ser, el momento en el que se producirá y la manera en que lo hará. Pero interrogándonos sobre esto lo único que conseguimos es alejarnos de ella porque, ante esas cuestiones, la vocación tiene una respuesta muy distinta a la esperada. Ante el «¿dónde?», contestará que en todos los lugares. Frente al «¿cuándo?» afirmará que siempre, y si la interrogamos por el «¿cómo?», nos dirá que de todas las maneras y de ninguna a la vez.

CAPÍTULO 5

LOS ENEMIGOS INCONFESOS

La dignidad del hombre consiste para mí también en lo inútil,
en el hecho de que un gran pensamiento no sea rentable.

GEORGE STEINER

¿Debemos aventurarnos más lejos de lo que lo hace Steiner (2021: 101) en la frase que abre este capítulo? Por supuesto que sí. La dignidad del hombre no reside también en lo inútil sino, sobre todo, y por encima de todo, nuestra dignidad encuentra su mayor manifestación en esa inutilidad, en los grandes pensamientos que el exterior considera no rentables. No es la inutilidad de lo que pensamos y hacemos una cuestión menor y añadida que apuntala nuestra dignidad, sino todo lo contrario, representa su centralidad.

Ser dignos es ser merecedores de algo, es actuar conforme a lo que corresponde por la condición de cada uno. Siendo así, no existe mayor dignidad que la de vivir en la vocación, puesto que solo cuando vivimos en esa vocación atendemos nuestra mayor posibilidad, nos elegimos a nosotros mismos. ¿Acaso hay algo con mayor dignidad que el existir conforme a lo que uno ha sido llamado realmente?

Pero la vocación es arrinconada, rehuida y despreciada por una sociedad y un sistema que la gobierna con una constante apelación a lo útil y productivo, a lo eficiente y a lo rentable como mérito principal para sobrevivir, para estar integrado, para adquirir posición y reconocimiento. Si vivir en la vocación es una de las mayores manifestaciones de dignidad, y toda vocación es considerada inútil por su incapacidad para ser medida con la misma escala con la que se miden los beneficios económicos, los títulos, las posesiones materiales o el ahorro de tiempo, resulta evidente que la dignidad del hombre habita principal y fundamentalmente en lo que nuestro mundo actual considera inútil.

Sentirnos y sabernos dignos de nosotros mismos es sentir y saber que la vida que llevamos despliega y desarrolla nuestra mayor posibilidad de ser. Sentirnos dignos porque sentimos y sabemos que no hay una posibilidad mayor de desarrollo de nosotros mismos es el mejor de los aliados para continuar por ese camino de vocación. «Una excepción inútil, un modelo al que nadie haga caso, ese es el rango al que debemos aspirar si queremos enaltecernos ante nosotros mismos» (cit. en Ordine, 2018: 76), decía Cioran.

Sin embargo, ese sentimiento y ese saber que nos enaltecen a nosotros mismos han de enfrentarse con múltiples enemigos inconfesos que pugnan por desviarnos de la trayectoria, por redirigirnos al redil del sendero por el que camina la gran mayoría.

Nuestra vida es una batalla continua por llegar a ser lo que tenemos que ser. Esa tensión permanente resulta inevitable puesto que la vocación es enteramente personal e intransferible y no puede plegarse más que a sí misma. Esto supone que su despliegue estará siempre en constante lucha con el modelo imperante en el exterior y con la contingencia de turno que se manifiesta variable y cambiante ante la firmeza y lo invariable de lo vocacional.

EL MUNDO PRODUCTIVO Y UTILITARIO

«Desde el momento en que habéis decidido cuál es vuestro papel en la vida, continuadlo hasta el final y no tratéis, tímidamente, de reconciliaros con el mundo. Lo heroico no puede ser común ni lo común heroico» (Wilde, 2018: 30). Estas palabras escritas por Oscar Wilde no podían reflejar mejor ese conflicto irresuelto entre la elección de uno mismo y su encaje con el ritmo y funcionamiento del mundo exterior. La vocación tiene difícil reconciliarse con la exigencia de ese exterior en el que el modelo imperante desde hace ya décadas es el del utilitarismo, el de la productividad, la eficiencia y lo funcional como parámetros fundamentales de valor. La economización de nuestros patrones culturales traduce cualquier cosa a un valor de intercambio mercantil y monetario. El valor de cambio ha inundado nuestra sociedad actual para medir todo en términos de retorno, de beneficio y de rentabilidad.

Hoy todo puede y debe ser monetizado. Monetizar implica que lo que emprendamos ha de ser convertible en dinero, vendible y comercializable según los indicadores mercantiles del momento. Emprender cualquier otra cosa no transformable en dinero resulta una pérdida de tiempo y, por supuesto, de recursos económicos. El mundo convertido en gran mercado transfigura a todos sus habitantes en mercaderes preocupados por hacer vendible todo lo que sea posible. Hay que conseguir que cada cosa se haga contante y sonante porque nuestra sociedad lo cuenta todo constantemente, lo mide y lo califica, lo valora y lo intercambia, lo acumula y lo vende. Las cosas valen por su posibilidad de ser intercambiadas a un mayor precio, no por lo que puedan ser en sí mismas. Pero cuanto más conocedores nos hacemos del precio de todas esas cosas, y cuanto más mercantilizamos nuestro mundo, menos sabemos del verdadero valor de dichas cosas.

De ahí la imposibilidad de la sociedad en general de valorar todo aquello que se sale de los parámetros de la utilidad entendida como aquella que permite obtener una ganancia económica y una rentabilidad. Nuestro mundo actual es incapaz de apreciar adecuadamente las aportaciones de quien vive en la vocación más allá de aquello que pueda contribuir a incrementar la productividad, la eficiencia y el beneficio. Si no se pueden contar como se cuentan las monedas, no es útil y, por lo tanto, es pérdida que debemos evitar.

La utilidad traducida en productividad, economía y rentabilidad como valor central cultural se alza como uno de los principales bastiones con los que ha de enfrentarse cualquiera que desee vivir en su vocación. Ante ello, quien busque mantenerse firme en ese camino ha de tener la fortaleza y la claridad mental de no medirse por los parámetros externos y contingentes del momento, sino por su propio compromiso con su vocación.

Esta medición nos refiere a la comodidad y confortabilidad hacia nosotros mismos frente a esa otra escala exterior que se remite a un encaje con las competencias más demandadas por la tendencia del momento. Pocas cosas nos hacen sentirnos tan bien como el deber cumplido y no hay mayor sensación de deber cumplido que el vivir en la vocación, que el elegirse a uno mismo y desplegar su mayor posibilidad.

Todo lo que no sea esa circunstancia nos golpeará constantemente, aunque lo haga de manera más o menos silenciosa, y lo hará en forma de remordimiento y de culpa. Por ello, si hablamos de utilidad, la principal utilidad es la de ser nuestra mejor posibilidad, puesto que solo desde ahí podremos ser realmente útiles a los demás más allá de lo productivo y eficiente. En cambio, si quien desea vivir en la vocación mira hacia esa exterioridad, sucumbirá ante la presión que ejerce ese exterior. Acabará por ser útil para esa productividad, pero se sentirá inútil para sí mismo, y regresará a esa vida vivida de manera fraudulenta.

EL PELIGRO DE LA SUPERVIVENCIA

Pero, aunque busquemos nuestro aliado en ese deber cumplido y en esa sensación de vivir conforme a nuestra mayor y mejor posibilidad, el sistema insistirá en desviarnos de ese camino recordándonos que nuestra supervivencia física y material se pone en peligro si no competimos, si no nos mostramos cada día más competentes respecto a las habilidades y los parámetros que se imponen para contribuir a la productividad y a la eficiencia de nuestra sociedad. Constantemente se azuza ese temor a no poderse mantener, a sufrir la carestía e incluso la marginación. Se nos dice que no hemos de dar ningún paso si no tenemos claramente definida la forma en la que esa manera de vivir nos proporcionará la adecuada subsistencia. Una forma que debe contemplar el desarrollo de competencias que contribuyan a esa productividad del sistema. Así, se plantea ficticiamente la tesitura de malvivir en la vocación frente al bienestar de la vida integrada en ese modelo productivo.

Dado que la supervivencia y la incapacidad de proporcionársela es uno de los mayores temores del ser humano, ese falso dilema conduce a gran parte de las personas a desoír la llamada vocacional. Sin embargo, basta echar un vistazo para comprobar que nada de esto ocurre, que quien vive realmente en su vocación encuentra caminos de supervivencia. Cierto es que vivir en la vocación requiere, en la gran mayoría de las ocasiones, una renuncia a algunas cosas para conseguir otras, pero no hay mayor recompensa que ser la mayor posibilidad de uno mismo.

La supervivencia del mundo desarrollado se entiende como una vida plagada de confortabilidades, muchas de ellas superfluas e innecesarias que nos crean obligaciones y de las que podemos prescindir. Se eleva el listón de las «cosas necesarias» para llevar una supuesta «buena vida». El bienestar queda totalmente identificado con la tenencia de cosas y no con el ser. Cosas exclusivamente materiales que han de acumularse, gastarse y renovarse sin tregua. No entrar en el juego nos hace sentir temor, e incluso nos lleva a contemplarnos como una nueva especie de paria social que se avergüenza de no poseerlas.

Las cosas sin las que no podemos vivir crecen y crecen sin límite y de manera artificiosa. Nuestra idea de lo que nos es necesario para la mera supervivencia nos sería extremadamente chocante, incluso para nosotros mismos, si pudiéramos vernos desde el pasado y contemplarnos ahora. Detectaríamos que buena parte de lo que hoy es necesario hace poco era un auténtico lujo prescindible para casi todos. Ante esa posibilidad de desmontar esa 'necesidad no necesaria' y artificial, el sistema coloca a todas esas cosas la etiqueta de progreso, con el fin de que cualquier renuncia a ello se entienda como una vuelta atrás que ninguna persona desea dar.

Este enemigo inconfeso del temor a la supervivencia es poderoso y resuena en todos y cada uno de nosotros porque nos acerca la idea de asomarnos a un abismo que nuestra imaginación aviva animada por esos mensajes que recuerdan incesantemente que, para sobrevivir mínima y dignamente, ha de tenerse esto y lo otro, en una lista interminable que no para de crecer. Esa lista sin fin nos convierte en rehenes y nos hace sordos a la llamada de la vocación o, si la hemos atendido en algún momento, nos empuja a dudar de nuestra decisión.

Ante ello, no hay mejor aliado que la persistencia en la vocación. Lo vocacional posee sus propias reglas del juego, mide nuestra vida por otros parámetros y, cuanto más persistimos, menos cuenta la tenencia de cosas, su acumulación, su gasto y su renovación permanente. Cuanto más vivimos en la vocación, más ajenas, ridículas y artificiosas nos resultan esas claves de supervivencia, y más irrenunciables nos parecen las propias normas que la vocación nos fija progresivamente.

Vivir en la vocación nos proporciona una idea clara de lo que es nuestro campo de vida y todo aquello que sale de allí nos parece superfluo. La perseverancia en la vocación nos propicia clarividencia para no dejarnos engatusar por lo superficial que nos ata y somete, y que nada aporta a una existencia que decide ser su mayor posibilidad y elegirse a sí misma. Quien atiende a su vocación e insiste en ella no entiende su vida en clave de supervivencia sino de vivencia, no sobrevive, sino que vive. Quien no la atiende y se conduce por ese temor y ese miedo, no vive, solo sobrevive. Se hace rehén de las cosas y se deja dominar por el terror a perderlas.

Irrealismo y utopía

Íntimamente unido a ese temor de poner en peligro nuestra supervivencia, se halla la actitud, primero condescendiente y más tarde imperativa, que identifica la vocación con una especie de capricho que ya pasará y, si no lo hace, con un comportamiento irrealista y utópico. Una de las fórmulas que el sistema emplea y expande en toda la sociedad para mantenernos en su camino es infantilizar la vocación. Cuando manifestamos nuestra intención de vivir en la vocación, solemos recibir de los demás un trato condescendiente en el que se califica lo vocacional como un antojo pasajero que ha de pasar. Esa infantilización de la intención de vivir en la vocación no solo sucede cuando quien lo dice es un niño o adolescente, sino que ocurre en cualquiera de las edades de nuestra vida. Es tratado con igual condescendencia tanto quien expresa su idea de vivir vocacionalmente con diez años como quien lo hace con ochenta.

Esa descalificación condescendiente es tan dolorosa y humillante que, muy a menudo, provoca la retirada silenciosa, el abandono del reclamo vocacional para resignarse a transitar el trayecto que otros nos marcan. Esa espina se clava profundamente en nuestro interior y, si no somos capaces de desquitarnos de ella volviendo al camino vocacional, el paso de los años la hará cada vez más visible y acabará por manifestarse en forma de remordimientos y culpa.

Si estamos decididos, argumentamos nuestra defensa de la vocación y nos mantenemos firmes en ella con convicción, la actitud de la mayoría ya no será de condescendencia sino de defensa y amenaza. Quien vive en la vocación posee su propio mapa de vida, un puzle invisible para los demás y para el sistema, y por lo tanto imposible de someter y controlar. Por eso la vocación se convierte en amenaza para lo establecido y por eso ha de ser inmediatamente cercenada. Para ello, nada mejor que calificar la aspiración vocacional como algo irrealista y utópico. Ya no es algo infantil a lo que tratar con indulgencia, sino una posición peligrosa que hay que desactivar con la alusión a la falta de realidad y al utopismo peyorativo. Esa calificación de estar fuera de los límites de la realidad lleva aparejada la consideración de la persona que lo está como inútil para el sistema, como poco productiva, como una rémora a la que incluso se le tacha de insolidaria.

«Todos haríamos lo mismo su pudiéramos, pero hay que contribuir y crear riqueza para permitirnos ciertas cosas», escuchamos cuando expresamos nuestra convicción en vivir en la vocación. Esa defensa convierte automáticamente a quien pretende atender la llamada vocacional en un irresponsable en primera instancia, y en un aprovechado del trabajo y el esfuerzo de los demás en una segunda.

Dado que la vocación no se mide por la misma escala utilitaria, la sociedad no es capaz de ver que una vida en la vocación es una vida tanto o más esforzada que cualquier otra que se nos viste como modélica por su contribución a la productividad. No en vano, quien vive en la vocación ni necesita, ni suele tener vacación, ni tampoco requiere de cualquiera de esas técnicas que se estilan para ser más productivo. Cuando se vive en la vocación se es altamente productivo, lo que ocurre es que no se es productivo ni útil según las exigencias de la contingencia del momento.

A pesar de ello, el sistema se defiende minusvalorando el esfuerzo de quien vive en la vocación, al que considera «de segundo orden», probablemente porque hemos identificado esfuerzo con sufrimiento, algo que quien vive en vocación no experimenta de la misma manera. Ese esfuerzo considerado no contributivo a la productividad es entonces descalificado como tal y pasa a tratarse como si tuviera más que ver con el ocio, con alguna afición o hobby que con algo realmente «serio», porque lo «serio», lo «real», lo «maduro», lo «solidario» es emplearse a fondo en aquello que nos hace más eficientes, rentables, útiles y productivos respecto a la escala de valores económicos y mercantiles del momento. Todo aquel que pretende vivir de otra manera que no sea esta se sitúa en el territorio de lo utópico y, si sigue adelante, se le califica como un aprovechado del esfuerzo de otros que han de privarse de ese «privilegio» para costearle el suyo.

Ese particular reproche, esa consideración condescendiente al comienzo y descalificadora después hasta el punto de considerar la vida en la vocación como algo insolidario y aprovechado del esfuerzo del resto, tiene mucho que ver con la propia autoprotección no solo del sistema, sino de quienes se pliegan a sus caminos definidos y marcados, porque cuando observan a quienes han salido de esa senda y han mostrado la determinación de vivir en su vocación, sienten con profundidad su sumisión, su pertenencia a un rebaño del que quisieran huir, pero en el que siguen atrapados. Esa puesta en evidencia conduce a la mayoría a la autoprotección, a propiciar ese trato condescendiente y, a veces, denigratorio.

Pocas cosas duelen y abaten más a quien está iniciando su camino de vocación que el ser tachado de iluso, de irrealista e idealista. Pocas cosas apartan más de esta vida en la vocación que las voces corales que, a cada paso, nos recuerdan que estamos fuera de la realidad y nos invitan a que dejemos para otro momento las ensoñaciones y nos comportemos como auténticos adultos con responsabilidad.

Pero ¿acaso hay algo más irreal que vivir una vida que no ha sido elegida por uno mismo? ¿Qué tipo de realidad es la de quien vive según unos parámetros que nada tienen que ver con él, y que ni siquiera se ha parado a reflexionar acerca de ellos, y simplemente se ha dejado llevar? ¿No es cierto que quien vive estas vidas, cuando llegan determinados acontecimientos y circunstancias, o cuando la edad les permite escuchar esa llamada, descubren que toda su vida ha sido una farsa, una existencia de artificio e irrealidad? Nada hay más real que ser uno mismo, que elegirse a uno mismo y vivir en su vocación. Lo que no sea así siempre será una auténtica irrealidad, una falsedad. Lo que resulta realista para el sistema de turno suele alejarnos a todos de nuestra verdadera esencia y nos empuja a llevar una vida teóricamente realista y no utópica que, sin embargo, siente que vive en una farsa y se pasa todo el día soñando en vivir de otra manera.

Y cuando se exponen ejemplos de personas que han logrado vivir en su vocación, sobrevivir y llevar esa vida que han deseado, la mayoría corre rauda a considerar ese logro como una circunstancia excepcional, una rareza de extraña consecución que es difícil que se repita en el resto. Disminuyendo las probabilidades de conseguirlo y enfatizando el riesgo de intentarlo se consigue dejar en la cuneta cientos y miles de vocaciones. Pero «el hombre es hombre para que se empeñe en llevar a la realidad las utopías de sus sueños» (Lledó, 2018: 237). Por lo tanto, nada resulta menos utópico y más real que empeñarse en vivir en la verdadera vocación.

Cambio y renovación

Tampoco ayuda a vivir en la vocación la elevación a los altares que nuestra cultura realiza del cambio y la renovación constante. La velocidad y la rapidez en la ejecución y consecución de las cosas se ha convertido en una de las principales vías para proporcionar valor a lo que se hace. Ha de producirse mucho y hacerlo con rapidez y velocidad. Se acortan los tiempos de maduración, se disminuyen los espacios entre lo que se ofrece y lo que se ha de recibir con la aspiración y el anhelo de hacer de esos momentos algo casi simultáneo.

Fechas y plazos dominan buena parte de nuestro día a día. Casi nada de lo que realizamos está exento de esa exigencia de presteza, de una celeridad que convierte todo en obsoleto y casi inservible si no llega en el segundo exacto. Las milésimas ya casi nos parecen una eternidad. Nuestra sociedad se ha poblado de esos hombres grises que describía Michael Ende. Esparcidos por todo el planeta, nos tientan a todos y cada uno de nosotros con su oferta de ahorrar tiempo, de ocuparlo productivamente para guardar minutos y segundos que, finalmente, nunca serán empleados y que solo nos abocan a una esclavitud y desnaturalización de nuestra esencia humana. Establecemos cada acto de vida como si fuera una acción planificada en cualquier fábrica con el objeto fundamental de no perder ni un solo segundo, porque «el tiempo ahorrado vale doble» (Ende, 1987: 61). Pero lejos de liberarnos de las cosas, cuanto más hacemos y más rápido ejecutamos, más tareas asumimos y más incapaces de hallar tiempo para nosotros nos sentimos.

Nuestra narrativa como individuos queda convertida en una sucesión de momentos inconexos donde permanecemos siempre en movimiento, en una itinerancia eterna de meta en meta. La consecuencia es una pérdida de posición como seres humanos, una incapacidad creciente de definirnos a nosotros mismos y de decidir nuestro propio camino para entregarnos, en cambio, al frenesí de la rapidez y la velocidad. Entretanto, abandonamos la quietud, el silencio y la reflexión que todo individuo requiere para escuchar y atender la llamada vocacional. Corremos atareados de un lado para el otro, vivimos maquinalmente y estamos siempre «prisioneros de la necesidad» (Ordine, 2018) que no es la nuestra, aunque nos autoconvenzamos de que realmente lo es. Sin esa reflexión, encarcelados en la necesidad y en la vida de piloto automático, nos esclavizamos y sometemos al gran mandato de la eficiencia y lo productivo.

La vocación, en cambio, resulta de maduración lenta y posee sus propios tiempos. Ese tiempo de maduración propio de cada uno es algo que el sistema productivo no puede tolerar, porque la gestión del tiempo es una de sus principales herramientas de control y de sumisión. Acelerarlo, acortar plazos y vivir pendiente de fechas de entrega cada vez más comprimidas reduce la posibilidad de liberarse, de expandirse, de crecer en todas las dimensiones, y en la manera peculiar en la que cada uno debe hacerlo. Cuando nos plegamos a esa dinámica de renovación y cambio fugaz nos convertimos en personas en constante estado de poda, coartados en nuestra intención de expansión y crecimiento según nuestra propia peculiaridad.

La vocación nunca tiene final, por eso nunca tiene prisa. Se alarga tanto como se alarga nuestra vida y nunca se agota, por lo que no existe sensación de escasez ni tampoco de urgencia. No siente que está dejando de hacer algo, que se está perdiendo algo importante, porque cada cosa que hace es una pieza más que completa el mapa personal de vida.

Cuando uno vive en la vocación descubre que el tiempo por el que se miden las cosas en el mundo productivo y utilitarista es artificial, e incluso le resulta ajeno y ridículo. Dado que la vocación no compite con nadie porque es nada más que de uno, tampoco experimenta la necesidad de recortar los lapsos de su tiempo de despliegue. Más bien todo lo contrario, quien vive en la vocación busca expandir el tiempo, hacerlo largo y denso. Cuando se vive en la vocación uno tiende a detenerse en las cosas puesto que cada lugar y recodo encontrado en el camino es un espacio y un recoveco donde uno se encuentra consigo mismo. Por eso no hay mejor aliado para escuchar la llamada y comenzar a seguir su senda que abandonar la rapidez y la velocidad, salirse de la tiranía de la renovación incesante y del cambio para dejarse ir en los silencios y en la espera.

El miedo a la libertad

Nuestra existencia está repleta de dialécticas y contradicciones, y una de las más comunes es la que sucede entre la necesidad de sentirnos libres, de notar y saber que estamos tomando decisiones propias y que somos dueños de nuestro propio destino, y el requerimiento de apagar y silenciar esa angustia de ser precisamente nosotros los que tomamos las decisiones sobre nuestro futuro y sobre nuestra vida. La ambivalencia entre la independencia y la delegación de parte de nuestra libertad nunca termina de estar resuelta en el ser humano.

Ya decía Kierkegaard (2021: 180) que igual que el reconocimiento trae consigo alivio y calma, lo que permanece oculto ocasiona la tensión característica de la existencia dramática del ser humano. Por eso buscamos la certeza de lo que reconocemos porque nos alivia y calma. Esa es la razón por la que el tiempo y su medición, lo útil y lo productivo, se nos presenten tan tentadores frente a la vocación. La vocación es incertidumbre en su despliegue porque no sabemos lo que acontecerá, porque no hay en ella ni un «dónde», ni un «cuándo» ni un «cómo», aunque quien vive en ella posea la certeza más importante, que no es otra que la de vivir la vida de una manera verdadera y no falseada, de existir conforme a su mayor y mejor posibilidad.

Sin embargo, la certeza artificiosa que nos ofrece ese exterior cargado de metas, tareas y resultados tangibles nos tienta, porque como seres humanos no deseamos vivir una existencia dramática ni asumir enteramente la responsabilidad de ser libres. Cuando disponemos de directrices que nos fijan un camino sin preocuparnos por nada más que seguirlo evitamos la angustia que nos produce el tener que tomar decisiones, el encontrarnos de continuo en ese *impasse* en el que hemos de aventurarnos en una u otra dirección.

El sistema nos lo pone fácil, nos determina hacia un sentido unívoco en el que va todo el mundo y nos simplifica la vida contándonos que basta con esforzarnos y competir con tesón y pasión con los demás para conseguir una mejor posición y un mayor reconocimiento. A pesar de renunciarnos a nosotros mismos, nos sentimos momentáneamente aliviados de la carga de asumir la responsabilidad de vivir nuestra propia vida.

Aceptamos esa sumisión para despistar la angustia que es consustancial al ser humano. Y en esa aceptación perdemos precisamente buena parte de lo que nos hace humanos para convertirnos en autómatas que apenas se plantean más que cumplir con la premisa de la productividad y la eficiencia exigida. Nuestra renuncia a la angustia propia de cualquier elección ahuyenta nuestra posibilidad de espontaneidad, de albedrío y de libertad, en definitiva, la opción de ser uno mismo.

LAS CARTAS MARCADAS

Se podrá alegar que, justamente, vivimos tiempos donde la multitud de opciones y de posibilidades son el pan nuestro de cada día. Pero la partida tiene las cartas marcadas. No podemos seleccionar cualquier carta, sino solo aquellas que nos presenta el sistema en su peculiar baraja entregada al consumo y a la productividad. No podemos elegir otro juego, nada más que ese al que se nos propone jugar.

Se identifica la libertad con la posibilidad de elegir, pero es esa una posibilidad limitada a un escenario muy concreto y reducido, circunscrito a unas opciones que nos mantienen en la ilusión de la elección pero que, finalmente, nos dejan encerrados en un mismo lugar.

Como recuerda Erich Fromm (2018: 288), «gran número de nuestras decisiones no son realmente nuestras, sino que nos han sido sugeridas desde fuera; hemos logrado persuadirnos a nosotros mismos de que ellas son obra nuestra, mientras que, en realidad, nos hemos limitado a ajustarnos a la expectativa de los demás, impulsados por el miedo al aislamiento y por amenazas aún más directas en contra de nuestra vida, libertad y conveniencia».

Efectivamente, la verdadera libertad no es la de elegir entre las opciones marcadas, sino permitir la posibilidad de no escoger ninguna de ellas para elegirnos a nosotros mismos. En el fondo, esa es la espontaneidad que tan de la mano va de la vocación. Cuando uno se muestra espontáneo está siendo fiel a sí mismo. La espontaneidad choca porque no encaja con los patrones fijados y establecidos por la mayoría, y no lo hace porque dicha actitud no responde al contexto exterior prefijado, sino que es fruto del contexto propio e interior de cada uno.

Esa disonancia, esa espontaneidad, es siempre bienvenida y liberadora no solo para quien la ejecuta, sino también para quien la presencia. Son los soplos de aire fresco que nos recuerdan que una vida diferente a la propuesta es posible, y que también es factible vivir en nuestra vocación. Por eso el sistema trata de aplacar permanentemente la espontaneidad y el albedrío o, en su defecto, reducirlo a una simple cuestión de elección entre posibilidades limitadas, definidas y ajenas a uno mismo.

Pero vivir en la vocación no es seleccionar cualquiera de esas posibilidades sino elegir ser la mayor posibilidad de uno mismo. Una vez atendida la llamada y encaminados en la senda particular, las opciones que se nos presentan ya no son más que las propias que uno encuentra y crea. Y la angustia que se produce en cada elección queda neutralizada por la seguridad de que nada se acaba ni se agota en esa decisión, que ya no es un todo o un nada, sino que representa un paso más en la tarea de completar nuestro puzle de vida particular.

TEMOR AL AISLAMIENTO

Otro de los grandes enemigos inconfesos de vivir en la vocación es el miedo al aislamiento. Atender la llamada vocacional es elegirse a uno mismo y, en esa elección, muchas de las premisas por las que nuestra sociedad actual nos valora, nos integra, nos recompensa y reconoce apenas tienen importancia. La vocación maneja criterios y parámetros que, muy a menudo, nada tienen que ver con los que la contingencia valora y premia. Los títulos académicos, los niveles de productividad y eficiencia, el currículo de los trabajos desempeñados, la abundancia de bienes materiales, las responsabilidades detentadas, la remuneración y otras tantas evidencias que nuestro mundo aprecia y admira, apenas poseen importancia en la escala de valor de una vida vocacional.

Nuestro mundo exterior, nuestra sociedad, nos interroga por cuestiones de cantidad y no de cualidad, nos interpela por lo que es medible según la utilidad, y así es como es capaz de clasificarnos, ordenarnos y jerarquizarnos. Un mundo que recuerda a aquel de *El Principito* (2016: 19), en el que las personas grandes jamás preguntaban por los juegos que preferimos, por si coleccionamos mariposas o por cómo es nuestro timbre de voz, sino que se preocupaban del peso, de la edad, del número de hermanos o del dinero que se ganaba.

Cuando queremos definir a alguien lo etiquetamos rápidamente por su ocupación, por su posición social, por su poder económico o por la cantidad de títulos y cargos que pueda detentar. Si somos incapaces de definirnos por alguno de esos parámetros cuantitativos, corremos el riesgo de ser desplazados ante la imposibilidad de ubicarnos en alguna de las celdas en las que nuestra peculiar colmena social se subdivide.

La imposibilidad de una ubicación rápida y mecánica de las personas nos estresa y no nos gusta, nos incomoda porque requiere de nosotros tiempo, esfuerzo de escucha y comprensión, así como salirnos de los esquemas definidos desde el exterior en los que nos encontramos cómodos a base de certezas artificiosas, pero certezas, al fin y al cabo.

Puede que no sea el mejor de los mundos, pero en ese mundo cuantificado y limitado las cosas se nos presentan evidentes y medibles, nos podemos comparar con ellas y valorarnos, y conforme a esa comparación y valoración, ubicarnos en el sistema y tomar una posición clara, determinada e identificable por los demás. De alguna manera, sabemos a qué atenernos, aunque no nos guste demasiado y en ello vivamos una vida que no es la nuestra sino la de otros.

Por eso es complejo entregarse a una vocación, que es de todo menos cuantificable. Salirse de esas lindes nos convierte en bichos raros a los ojos de los demás, aunque lo que hagamos sea lo más racional del mundo. Y es que una de las características del sistema dominante es convertir lo irracional en racional y lo racional en irracional.

Una circunstancia que recuerda aquella realidad imaginada en *Fahrenheit 451* (Bradbury, 2020), donde el simple hecho de conversar, de leer un libro, de ver llover o de permanecer parado en medio de la calle por la noche suponía una amenaza para el orden impuesto que había convertido lo normal en anormal, y viceversa.

La vocación asemeja a ese paseo nocturno, a ese detenerse a conversar, al no seguir un baremo único ni la senda marcada. Vivir en la vocación es permitirse ese desvío de los patrones prefijados. Pero eso resulta extraño en el universo productivo en el que todo ha de transformarse en valor económico y ser ahorrado y empleado eficientemente. La vocación no pierde el tiempo, siempre lo está ganando, pero a ojos de la irracionalidad del sistema productivo imperante es divisado como algo ineficiente, y lo ineficiente disturba y ha de ser silenciado, apartado y aislado para que no contagie.

Así que lo racional, que es nada más y nada menos que elegirse a uno mismo y vivir siendo la mejor posibilidad de cada uno se transforma en un acto de irracionalidad absoluto, en un desafío al orden establecido que debe ser prevenido a toda costa. Por eso, quien anuncia su intención de escuchar la llamada y de vivir en la vocación que le toca es tachado de irracional, de insensato, e incluso de insolidario y de aprovechado. Cuando decidimos vivir en esa vocación hemos de asumir que seremos señalados y que se nos recordará que somos insolidarios, que quebrantamos el orden y que, si todos actuaran de la misma manera, nuestra forma de vivir no sería sostenible.

Pero, igual que en el relato de Bradbury, quien vive en la vocación no está solo. Igual que el protagonista de su historia acaba junto a otros como él, el que vive en la vocación también encuentra otros semejantes con los que compartir su particular puzle personal, su peculiar y única forma de vivir su vida.

Quien vive en la vocación tiene la clarividencia de observar esa irracionalidad convertida en racional que el sistema implanta, y esa clarividencia se convierte en su mejor aliado para divisar las costuras abiertas y los recovecos en los que puede instalarse para que no termine aislado, para superar ese temor a quedar apartado de la sociedad y de su flujo normal.

Cuando se atiende a la vocación y se detecta cómo el sistema transforma lo normal en anormal y lo racional en irracional, ya no se puede dar marcha atrás porque se ha descubierto la verdad, y en ese descubrimiento de la verdad, desplegar la vocación se convierte en una necesidad y en un deber irrenunciable, y el camino personal se transforma en la única senda transitable.

Tener salidas y labrarse el porvenir

Si hay una frase que llevamos escuchando toda nuestra vida, y que se sigue replicando incluso con más fruición en las escuelas de nuestros días, es que hay que prepararse y esforzarse para labrarse el porvenir, y que hay que cursar estudios que tengan salidas que permitan colocarse y prosperar en el futuro. Por eso, desde los primeros libros y lecciones que aprendemos en el aula, todo navega por lo curricular y nos enfoca a formar parte de ese sistema productivo y social para encajarnos en él mediante la imposición de enseñanzas regladas que miden a todos con un mismo rasero. Nuestra atención y mirada quedan enfocados de pleno en esas escalas a las que tenemos que responder con exámenes y pruebas diversas que nos evalúan constantemente.

Esa concentración de la mirada en un campo tan estrecho nos impide ver más allá de nuestras obligaciones marcadas por los currículos. Se nos recuerda insistentemente que lo importante es estar preparados para el futuro, porque nuestro porvenir depende de que seamos suficientemente competitivos y, para ello, hay que ser competente en las evaluaciones a las que constantemente se nos somete.

Con esa premisa, ¿quién es capaz de mirar más allá del cauce que se nos impone, y más cuando el resto de agentes que nos rodean, padres, compañeros, profesores, referentes, nos invitan a lo mismo? En estas circunstancias, no solo no atendemos la llamada de la vocación, sino que normalmente ni siquiera sabemos de su existencia.

Lamentablemente, sigue vigente aquella reclamación de Rodari (2017: 9), cuando recordaba que "un programa educativo no debería ser una lista de las cosas que pretendemos obtener de los niños, sino de las que tenemos que hacer nosotros para resultarles útiles. Debemos establecer las reglas para nuestro comportamiento, no para el de los niños".

Tristemente, sucede todo lo contrario. En lugar de permitir la expansión de los niños para que contemplen su propio horizonte, se descubran y enfoquen por sí mismos, en definitiva, para que escuchen su llamada particular, realizamos lo opuesto. Decidimos por ellos y, desde muy pequeños, les atiborramos con enseñanzas, reglas y normas que los disponen a un camino específico y limitado que les aleja de esa posibilidad de elegirse a sí mismos. Poco a poco los desviamos de sí mismos y los deformamos más que los formamos a base de incidir en aspectos cada vez más funcionales que tienen como único fin lograr colocarse convenientemente en el mercado laboral.

Los niños, que más adelante serán jóvenes, se cierran progresivamente como si fuera un embudo, hasta llegar a la parte estrecha en la
que solo miran por aquello que «tenga salidas», y ante la tesitura de
seleccionar opciones, se decantan en su gran mayoría por esa disciplina
que les garantiza su integración en la rueda social, en el sistema productivo. Lamentablemente, han llegado hasta allí sin apenas haber tenido
conciencia de que todos poseemos una vocación que ha de ser escuchada. No han sido educados para ser su mejor posibilidad, sino para ser
una herramienta funcional al servicio de la productividad y la eficiencia.

Unos derroteros que siguen estrechando ese embudo cuando las personas enfrentan la universidad. Encauzados desde pequeños por una
senda meramente funcional que busca un encaje entre el desempeño
de las personas y su utilidad para contribuir a lo que se demanda en
el sistema productivo, es en el momento de elegir estudios superiores
cuando más estrecho y limitado se hace dicho embudo. Como si de una
carrera contrarreloj se tratara, se urge a los jóvenes a decidir, como si
esa decisión fuera a lastrar el resto de su vida y a marcar su porvenir.

Cargar de presión a dicha decisión posee dos derivadas que
impactan directamente contra la posibilidad de vivir en la vocación.
La primera es que, al transmitir que en ella se juegan el resto de su vida,
su posición y sus opciones de progresar y prosperar en el escalafón social,
lo más normal es que se inclinen por las posibilidades que más faciliten ese
progreso, sin tener en cuenta si eso es lo que realmente desean, si eso que
van a estudiar refleja y completa una buena parte de lo que son y deberían
desarrollar. La decisión se viste de crucial y definitiva, y ha de tomarse de
una sola vez y con escaso margen de tiempo. Teniendo en cuenta que se
obliga a los jóvenes a pasar en pocos meses de la despreocupación propia
de un niño a decidir con toda la carga de responsabilidad sobre algo que
se les dice que marcará su futuro, la decisión será inercial y tendente casi
siempre a aquello que posee «más salidas».

Optar por la vocación en estos momentos, atender su llamada, resulta casi imposible pues han sido despistados de sus señales. Se les urge
a decidir con rapidez y hacerlo en un solo acto, marcando una casilla en
una matrícula que se asegura que definirá toda su vida futura respecto
a las posibilidades de ganar más dinero, de tener mejor posición social,
de obtener reconocimiento. Salirse de esa aspiración y de esa fuerza
centrífuga resulta un acto de heroicidad que casi nadie realiza. Y, quien
lo hace, es denostado y considerado una especie en extinción, un bicho
raro.

Aun así, muchos todavía dudan. Pero el sistema no desea que se dude puesto que la duda paraliza y crea dudas en otros. Y lo que está parado ni produce ni es eficiente, igual que lo que crea dudas amenaza con desviar del camino inercial a más personas.

De ahí ese adoctrinamiento funcional desde tan jóvenes y esa conexión tan íntima e irrompible entre lo que se aprende y su reflejo en el ámbito laboral. Formación y trabajo se unen indisolublemente desde casi el comienzo para concentrarnos en la senda productiva.

Si, a pesar de todo, la persona todavía duda, siempre tendrá a su lado orientadores laborales, públicos y privados que, a base de tests competenciales y de entrevistas que bareman tanto lo que le gusta como lo que se le da bien, aliviarán la carga de responsabilidad de tomar la decisión y le harán sentir el refuerzo del criterio de un experto que le encauzará por el camino de su más alta productividad para el sistema.

Ese camino iniciado se hace cada vez más inercial según nos adentramos en el mundo laboral. Se torna unidireccional y ya solo mira a la especialización en la ocupación que realizamos, a los ascensos, al progreso jerárquico y material, y a una formación y aprendizaje totalmente dirigido a aquellas habilidades que contribuyan a mejorar nuestro rol laboral.

En nuestro mundo, el trabajo se sitúa en la centralidad de nuestras vidas, tanto en las horas que nos ocupan física, psicológica e intelectualmente, como en la palanca que supone para sentirnos integrados y reconocidos en la sociedad. No en vano, cuando nos preguntan lo que somos, nuestra respuesta suele ser el trabajo que desempeñamos, porque nos resulta la manera más sencilla y fácil de definirnos en poco tiempo y de manera entendible.

Esa principalidad del trabajo hace que nuestra mirada al horizonte amplio que nos rodea se estreche y nuble aún más de lo que lo estaba antes, porque progresivamente nos adentramos en un universo de obligaciones y nudos que nos alejan tanto de la vocación que nos convertimos, sin quererlo, en una parte más de ese rebaño que considera a quien vive en la vocación como alguien irrealista, idealista e insolidario, además de poco productivo.

Llegados a ese punto, el tiempo y el esfuerzo invertidos en todo ese camino se configuran como enemigo para atender la llamada de la vocación y, ante cualquier reclamo, aparece el compromiso que surge con las decisiones tomadas en el pasado. Un compromiso que nos atenaza, pues tenemos la sensación de que, si viramos nuestra vida, tiraremos todo lo logrado por la borda y nuestros años previos habrán sido inútiles.

Pero, a pesar de todo, la llamada siempre permanece con nosotros, porque forma parte de nosotros. No tiene un cuándo, ni un dónde ni un cómo. Está siempre. Para la vocación no existe ni lo tardío ni lo temprano. Nunca es pronto ni nunca es tarde. No nos pone en el disparadero de ahora o nunca, porque siempre es ahora. No nos sitúa contra la espada y la pared, ni se nos plantea como un tren que se pierde, porque el único tren que se pierde es el de no vivir la vida conforme a lo que uno es en verdad, conforme a su mejor y mayor posibilidad. Solo pierde trenes quien no se elige a sí mismo. La vocación no importa que se viva de joven o de viejo porque solo reprocha a quien no la escucha, no a quien la atiende sea en el momento y circunstancia que sea.

FAMILIA Y SERES QUERIDOS

Sorprende que, en este desvelamiento de enemigos inconfesos de la vocación, sean la familia y los seres queridos más cercanos uno de sus principales actores. Su mezcla de presunción de conocimiento íntimo sobre nosotros, de deseo de garantizar nuestro mayor bienestar y de convivencia en un terreno común y compartido, los convierten en una barrera difícil de superar para vivir en la vocación.

La combinación de estas tres circunstancias les hace creer, en su mejor intención, que poseen una perspectiva privilegiada para saber lo que nos conviene y lo que no nos conviene. Esto sucede porque consideran que aúnan el suficiente conocimiento sobre nosotros, el interés sincero por nuestro bien y la distancia necesaria respecto del asunto que nos incumbe como para ofrecernos una guía fiable y clarificadora de lo que es mejor para nosotros.

Ciertamente, las personas que nos rodean, tanto familia como amigos cercanos, poseen un conocimiento especial sobre nosotros porque han compartido y comparten numerosas vivencias en un ámbito privado y restringido al que pocos tienen acceso, lo hacen a lo largo de mucho tiempo, y en distintos espacios y situaciones. Esto supone que son importantes para nosotros y, por lo tanto, prestamos especial atención a aquello que nos dicen y buscamos preservar la relación de manera adecuada. Existe una premisa de no defraudarles y queremos que esas relaciones perduren. Ese deseo a veces ni siquiera es consciente, sino que está tan grabado en nuestro inconsciente que nos pasa desapercibido.

En esa intención de preservación de las relaciones, nuestros íntimos y cercanos nos aconsejan lo mejor que saben y pueden con la sana intención de ayudarnos, de sernos útiles y, en esa utilidad, mantener nuestra amistad o familiaridad. Como contrapartida, nosotros tendemos a escuchar y atender con especial profusión sus consejos y sus advertencias, y más habitualmente de lo que pensamos, nos dejamos llevar por la fuerza centrífuga de ese grupo íntimo en el que nos desenvolvemos habitualmente. Ellos representan nuestro ambiente fundamental, son nuestro hábitat y paisaje más familiar y, por lo tanto, sus opiniones ejercen una fuerte tracción sobre nuestras decisiones.

Necesitamos sentirnos confortables y cómodos con nuestros seres más íntimos, y eso nos conduce a realizar numerosas concesiones con tal de no generar situaciones en las que esa comodidad y confortabilidad puedan violentarse.

Una de las principales amenazas a esa comodidad y confortabilidad, al equilibrio de ese hábitat familiar e íntimo es la de exponernos a situaciones que generen incertidumbre en nuestras vidas. La reacción del grupo será la de evitar dicha incertidumbre con las certezas de los lugares conocidos, con la elevación de murallas ante aquello que le es desconocido. Justamente son esas barreras las que la vocación nos invita a superar y a saltar para situarnos en un territorio que al grupo le resulta incierto, mientras que a nosotros se nos revela muy cierto e indiscutible.

Ante la vocación que crea incertidumbre y desequilibra ese entorno íntimo, las reacciones vendrán en la misma manera en que lo hace la sociedad en su generalidad. Nos alertarán sobre los peligros del aislamiento y de nuestra propia supervivencia. Se nos recordará, desde el cariño y la buena intención, que estamos mostrando una actitud a menudo irracional e irrealista. La cultura de ese entorno íntimo es reflejo de la cultura mayoritaria porque, como grupo, ha de vivir en dicha cultura y se contagia de ella en su idea de lo que es bienestar y seguridad. Todo ello nos lo transmite con la diferencia de que la influencia de dicho grupo es muy alta en nuestro pensamiento, en nuestro sentimiento y en nuestro comportamiento. Ellos nos conocen profundamente y desean lo mejor para nosotros, por lo que deberíamos atenderles y hacer caso a sus consejos.

Buscan nuestro bien y, por ello, desoírles puede violentar esa paz grupal e íntima. Así, la vocación y su llamada se transforman, poco a poco, en un eco lejano, en una ensoñación y una anormalidad que aparcamos en un rincón de nuestra alma.

Pero la buena intención no es siempre la mejor consejera, y el bienestar que nuestros íntimos pretenden procurarnos a base de sus opiniones, consejos y ayudas bien puede conducirnos a aquello que escribía Montaigne (2021: 319) de que «en verdad, amigo, a fuerza de bienestar me voy muriendo». Ciertamente, la idea de bienestar de nuestros seres queridos y más íntimos pueden llevarnos a esa muerte, al menos metafórica. El bienestar de quien nos quiere y es próximo a nosotros suele identificarse con la idea de seguridad. Para las personas cercanas e íntimas, nuestro bienestar supone la seguridad de un buen empleo, una buena posición, un buen porvenir y una estabilidad que no ponga en peligro esa intimidad y esa relación nuclear que establecemos con ellos.

Por eso sus advertencias, consejos y parabienes nos alejan del vivir en nuestra vocación, puesto que ese bienestar tiene relación con lo que la gran mayoría y el sistema considera como útil y productivo, con aquello que es seguro en apariencia porque encaja con los parámetros demandados desde el exterior. En cambio, la vocación posee su propio libreto, que es solo de uno mismo y, en líneas generales, desencaja más que encaja en esos parámetros externos.

A pesar de su buena intención, las personas que se encuentran más cercanas suelen ser, las más de las veces, obstáculos para vivir en la vocación. Debemos contemplar que, aunque son personas con las que tenemos una intimidad mayor, nunca llegan a conocernos en nuestra intimidad más recóndita, porque esa solo queda para uno mismo. Esos pliegues de intimidad personal son los que aprovecha la vocación para recostarse y esperar a ser escuchada y atendida. Precisamente porque son importantes para nosotros, no queremos violentar nuestras relaciones, y a menudo les escondemos nuestros más profundos y verdaderos anhelos. Por eso es más fácil que esa recóndita intimidad sea compartida con personas con las que apenas nos unen lazos de intimidad ni relación, que son ajenas a nosotros, que con aquellas que son muy cercanas.

Tampoco hemos de olvidar que esas personas no son expertas ni poseen conocimiento sobre la vocación que queremos atender, por lo que cualquier consejo o advertencia siempre será realizada desde el desconocimiento del objeto que nos mueve. Esto supone que la limitación que poseen en su capacidad para guiarnos en el camino de vocación es cuanto menos escasa, sino contraproducente en buena parte de las ocasiones.

La intimidad compartida, el franco interés en nuestro bienestar y la coincidencia en un territorio común en el que nos relacionamos hace que las personas cercanas eleven murallas inmensas en las que nos encerramos y desoímos la vocación. Resulta casi imposible desatender las advertencias de alguien que nos conoce bien, nos quiere mejor y que, además, se mueve en el mismo territorio común que nosotros. Sus avisos nos llenan de desconfianza. Y si dichos avisos aún no han podido con nuestra intención de vivir en nuestra vocación, surgirá el temor a desairarles y a crear un problema en ese núcleo de relación íntima y cercana. Por eso, nuestro principal aliado es precisamente la búsqueda y conexión con personas y grupos totalmente ajenos a esa intimidad y cercanía que nos conozcan poco, pero en los que detectemos una conexión relacionada con nuestra vocación. La vocación no gusta de andar sola, aunque a menudo no le quede más remedio, y desea encontrar entornos en los que no se sienta extranjera ni una *rara avis*. Esos grupos que conectan en su forma de vivir con nuestra vocación vuelven dicha vocación normal, porque ellos entienden lo que somos y lo que pretendemos ser. Esas personas nos observan con una distancia que no posee quien es íntimo y busca nuestro bien. No conectan con nosotros por una intimidad heredada de otras circunstancias, sino que conectan exclusivamente por esa coincidencia vocacional. Cuando uno encuentra esas personas y grupos aliados que comparten formas de vivir y vocaciones, la vocación propia toma aire, se refuerza y multiplica.

LA SOCIEDAD DE LA APARIENCIA

Más allá de ese grupo íntimo que frena nuestra vocación, la propia sociedad, con la extraordinaria valoración que dispensa a la apariencia, se revela también como otro freno a la posibilidad de atender la llamada de la vocación y vivir conforme a ella. Casi se ha convertido en mandamiento el *dime lo que aparentas y te diré quién eres*. «La respetabilidad más alta vale mucho menos que la posesión» (Wilde, 2000: 203). No solo siguen vigentes estas palabras de Oscar Wilde, sino que el paso de los años las ha exacerbado aún más. Somos lo que tenemos y, por lo tanto, cuanto más tenemos, más somos. Pero ese tener requiere hacerse evidente, y no hay nada más evidente que lo que es material y es culturalmente apreciado y compartido por la mayoría.

La apariencia vive de lo palpable, de lo contante y sonante, de la cantidad y no de la cualidad. Si hablamos de conocimientos, importan los títulos. Si tratamos de trabajo, importan la jerarquía y la remuneración. Se dice que nos va bien cuando todos estos símbolos de estatus se acumulan en cantidad y no en cualidad.

Este funcionamiento nos empuja a focalizarnos y centrarnos en lo productivo, en formarnos y mejorar lo máximo en las competencias demandadas para incrementar nuestra posición y remuneración. Gracias a ese incremento, nuestra apariencia, nuestro reconocimiento social, también se incrementa. Pero esa dinámica es insaciable, siempre quiere más para tener más y escalar más. Esa permanente realimentación nos absorbe y aleja de la vocación y de su llamada.

Como recuerda Erich Fromm (2021: 189), «el hombre orientado al tener anda siempre con muletas, no con sus pies. Necesita una cosa aparte de él para ser él mismo y para ser algo. Él solo es él en tanto tiene algo. Define su ser un sujeto por tener un objeto. De manera que él es poseído por el objeto de su tener: la cosa lo posee».

Frente al individuo que es poseído por la cosa, que escoge algo fuera de sí para ser, el ser humano vocacional se escoge a sí mismo y todo lo que piensa, siente y hace es él mismo. Quien vive en la vocación se despliega a sí mismo en vida, de manera continua, y las cosas que le rodean son objetos a su orden, no al revés. Quien vive en la vocación posee las cosas, no le poseen. Cuando se vive en la vocación, es la persona la que define las cosas que usa, no al revés.

Si la apariencia y el tener se imponen culturalmente, la vocación, silenciosa y contraria al aparentar y a lo evidente, sufre para ser desplegada. La vocación posee su propio plan y su propia dinámica por lo que sus parámetros nada tienen que ver con esos que se marcan desde el exterior para adquirir relevancia social, para ser reconocidos y para aumentar nuestro poder económico y material.

La vocación no está interesada en lo cuantitativo, no cuantifica la formación en títulos académicos, ni los logros ni éxitos en aplausos o reconocimientos públicos, porque lo único que busca es que cada persona se desarrolle conforme a su mejor posibilidad y esta nada tiene que ver con las prerrogativas que el sistema y el camino frecuentado por la mayoría consideran como valiosas.

Cuando se atiende a la vocación lo único que se cuentan son las horas y los días de los que aún disponemos para seguir desarrollando ese campo infinito que nos presenta. La vocación no busca la cantidad sino la cualidad. Una cualidad cuyo significado fundamental es el de desplegar el carácter distintivo de nuestra propia naturaleza, no el ser un reflejo artificial de lo que nos exige la mayoría.

Por eso, la vocación jamás será algo aparente ni evidente para los demás, porque no se puede cuantificar, ni referir a índice alguno, ni es posible compararla con nada. La vocación no es asunto de contabilidad ni de productividad, sino de cualidad y de significatividad. La vocación nos muestra un camino intransitado que es solo de cada uno de nosotros, y por eso es especialmente significativo, porque todo lo que allá ocurre posee un significado para nosotros mismos, y ayuda a configurar nuestro ser más pleno.

El tener para la vida vocacional no es un objetivo ni una causa, sino un efecto de su acción. Su despliegue no demanda ni requiere de la apariencia como comprobamos con personas vocacionales que, cuando han tenido un éxito público, lo han rehuido y se han escabullido de esa visibilidad exagerada porque la apariencia y la evidencia les aleja de su camino personal.

La vocación necesita de cosas para llevarse a cabo, pero son medios para lograr su fin, no son fines en sí mismos. Se tiene lo justo y lo necesario para que la vocación pueda desarrollarse con toda su intensidad, el resto es estorbo. No se tiene para mostrar ni aparentar, sino para avanzar hacia esa mayor y mejor posibilidad de uno mismo. La vocación altera la fórmula del ser para tener y la transforma en un tener para ser.

Los premios de quienes viven en vocación suceden en silencio y tienen sentido fundamentalmente para esa persona en especial, no para el resto. Las satisfacciones de la vocación acontecen en cualquier lugar y momento, no necesitan de atriles, focos ni parafernalias, ni tampoco de voces que jaleen lo que consigue. Lo maravilloso de la vocación es que sus logros se esconden muchas veces en detalles nimios para el resto, pero inmensos para quien vive en ella. Silencio y satisfacción íntima son fieles acompañantes de una vocación que encuentra en la apariencia y en la evidencia dos de sus principales enemigos.

III

ATENDER LA LLAMADA

Capítulo 6

DADME UN PUNTO DE APOYO

> Lo peculiar de cada cual es lo que debiera ser
> puesto de relieve por el modo de vivir.
>
> Goethe

Nuestra sociedad se ha transmutado en «trabajo-céntrica». El trabajo es el eje sobre el que gira nuestro mundo y nuestra vida. Todo se articula en torno a él, desde las exigencias formativas hasta el tiempo y la forma en que ocupamos nuestro ocio. Los jóvenes seleccionan, en su mayoría, sus estudios universitarios en función de sus posibilidades de colocación en el mercado laboral de turno. Mientras, las empresas claman porque esas universidades sean viveros de mano de obra productiva, más o menos cualificada, y las administraciones se esfuerzan en cambiar planes de estudio y currículos para proporcionarla.

El mundo actual nos conecta cada vez más con nuestros empleos y con lo que se relaciona con ellos, mientras la ubicuidad e inmediatez incesante de la tecnología incrementan en la misma proporción nuestra incapacidad para disponer de otro tiempo que no sea el relacionado con lo que nos empleamos. Gran parte de nuestro día a día queda copado por el empleo, que inunda incluso el sagrado territorio del sueño a lomos de los dispositivos móviles que reposan en nuestras mesillas de noche.

¿Qué queda de nuestro ser único, si nuestra vida gira alrededor del trabajo, y la elección laboral es tomada por criterios de productividad y utilidad? ¿Dónde hemos dejado lo peculiar de cada cual, que reclamaba Goethe (2016: 215)? La peculiaridad no encuentra momento para ponerse de relieve en nuestra forma de vivir porque todo ha sido acaparado por la respuesta ineludible a las demandas que el universo productivo y eficiente nos realiza a través del empleo.

Una respuesta que no corresponde con la elección de nosotros mismos y que, lejos de ser el punto de apoyo sobre el que impulsarnos para ser nuestra mayor posibilidad, se convierte en un lastre al que estamos sujetos con sufrimiento y dolor. Reducidos a meras herramientas de producción, no encontramos sentido a lo que hacemos, a pesar de que cada vez dediquemos más tiempo a ello. Pasamos nuestra vida perfeccionando las competencias que la contingencia nos demanda para encajar continuamente en el sistema. La única llamada que se atiende es la exterior que nos impone lo que debemos y lo que no debemos hacer, lo que tenemos que aprender y lo que no tenemos que aprender.

Sometidos a este sinsentido que copa casi toda nuestra existencia, volvemos a autoengañarnos y nos esforzamos en creer que ese empleo en el que malgastamos nuestro tiempo tiene algo que ver con la vocación. Queremos creer que si hacemos algo que nos gusta y se nos da bien atendemos a lo vocacional, pero no nos percatamos de que las cartas están marcadas, de que nuestras elecciones solo pueden suceder entre opciones que son propuestas desde el exterior.

Opciones que, además, solo tienen en cuenta lo funcional y parametrizable, lo útil y eficiente. Esto supone jibarizar la vocación, cortarle las alas y dejarla tan solo en una ridícula y limitada expresión de competencias laborales, de elección de salida profesional conforme a lo que se nos da mejor y, como extraordinaria concesión, lo que más nos gusta.

Esta visión de corto alcance de la vocación cumple su misión fundamental, que no es otra que perpetuar ese sistema de producción alienando a las personas mediante una identificación simplista de la llamada vocacional con el trabajo, y con una elección supuestamente libre en función de habilidades y de gustos.

La vocación así interpretada deja de ser revolucionaria y peligrosa, ya que pierde su capacidad de proporcionar a la persona una visión de la vida mucho más amplia del trabajo y de la ocupación que la meramente funcional y utilitaria. La vocación es peligrosa para el sistema porque nos abre a otros aspectos de la vida que nos desvían de la concentración obsesiva en lo productivo.

Por eso, el uso de la vocación en estos términos limitados se convierte en una herramienta de suave sumisión al engranaje productivo, en una entrega dulce a una voluntad que no es la nuestra.

Esa vocación falseada y jibarizada cabe en una etiqueta, se puede calificar y clasificar, algo que choca de plano con la auténtica vocación, que es incalificable e inclasificable, porque hay tantas como personas existen en el mundo.

El resultado es un adormecimiento y narcotización del ser humano, puesto que vivimos etiquetados y pasamos gran parte de nuestra vida haciendo cosas para mantener esa etiqueta o bien para cambiarla cuando la circunstancia productiva nos exija que nos «reinventemos» y «reciclemos».

Vivimos una vida totalmente 'profesionalizada' en la que respondemos a lo que somos con la profesión reglada que desempeñamos y que corresponde con la taxonomía oficialmente aprobada. Los lenguajes corporativos y profesionales, las jergas, copan nuestro vocabulario y nuestras charlas hasta el punto de agremiar nuestra conciencia con la de los compañeros de profesión y anular nuestra capacidad individual y propia de discernimiento. Proseguimos, como decía Schopenhauer (2021: 551), nuestra vida con gran interés y mucha solicitud, tanto tiempo como sea posible, al igual que hinchamos tanto como podemos una pompa de jabón, aun cuando tengamos la firme certeza de que acabará por estallar. Porque, lamentablemente, en algún momento de nuestras vidas, el no elegirnos a nosotros mismos nos cobra factura y estalla en forma de remordimiento y de culpa.

La conciencia siempre es rebelde, y en cada tiempo muerto que esa presión asfixiante del trabajo y esa ficción de vocación nos deja, asalta imprevistamente nuestros pensamientos. Llega sin avisar y nos recuerda que aquello no es vocación, sino autoengaño y fraude. ¿Por qué, si no, las corporaciones establecen estrategias de retención del talento? Resulta sorprendente que asumamos sin pestañear el empleo común de palabras como retención cuando hablamos de talento y de permanencia en un trabajo. Las empresas tienen que retener a las personas, tienen que forzar su voluntad. Pero retener no es invitar sino impedir, no es cuidar sino imponer. Ninguna de estas acepciones de lo que supone el retener tiene relación con la vocación auténtica, con esa llamada que enlaza con la voluntad de uno hasta hacerla propia.

En nuestro autoengaño y farsa donde identificamos lo vocacional con lo estrictamente laboral, nuestra voluntad no es permanecer, sino escapar, huir. De ahí la necesidad de retenernos. Imposible hablar de realización en nuestros trabajos y empleos actuales, a pesar de que nos ocupen gran parte de nuestra existencia. Hoy las personas empleadas muestran un grado desconocido de indiferencia y falta de vinculación con la tarea, de identidad con el trabajo, de realización y compromiso con el mismo (Sennett, 2000). Se establece con el trabajo y la ocupación una relación transaccional, un «yo te doy y tú me das» basado en lo pecuniario y en lo productivo.

Pero la vocación es mucho más que una tarea y una ocupación. Es mucho más que un trabajo que desempeñar y en el que volcar unas pocas o unas muchas habilidades. Que el trabajo se haya convertido en nuestra centralidad, y que toda nuestra existencia, nuestro ocio, nuestras relaciones, nuestros estados de pensar y de sentir, nuestra intimidad, nuestra economía personal o nuestra actividad se sometan a él, no significa que sea nuestra vocación. No en vano, la gran parte de las personas siente que aquello en lo que se emplean no despliega su mayor posibilidad de ser ni representa una elección de sí mismas.

La vocación es única para cada uno, nos habla en un lenguaje solo inteligible para nosotros y no es ni evidente ni reducible a tablas de competencias y habilidades, ni siquiera a una cuestión de lo que uno gusta y desea.

La vocación se asemeja en su evolución y presencia en nuestras vidas a aquella descripción que realizaba Mark Twain en *El príncipe y el mendigo* respecto del afán que el joven mendigo Tom mostraba por llegar a príncipe. «Paso a paso –escribía Twain– las lecturas y los ensueños de Tom acerca de la vida principesca produjeron en él tan fuertes efectos, que empezó inconscientemente a actuar como príncipe. Adoptó palabras y maneras curiosamente ceremoniosas y cortesanas, que provocaron en sus íntimos inmensa admiración y diversión. Pero la influencia de Tom entre aquellos muchachos fue creciendo día en día, y llegaron a mirarle con una especie de asombro acobardado, como si fuera un ser superior. ¡Cuánto sabía Tom! ¡Qué cosas más maravillosas decía y hacía! Además, ¡qué inteligente y profundo era!».

La vocación es algo que está con uno mismo desde el comienzo, porque en realidad es uno mismo. Si la escuchamos, si nos volcamos hacia esa llamada y nos dejamos inundar por ella, al igual que el mendigo de Twain notaremos cómo, paso a paso, producirá esos fuertes efectos y comenzaremos a actuar inconscientemente en la vida como nosotros mismos, siendo ya indistinguibles de la propia vocación, porque ambos somos lo mismo. Adoptaremos nuestras propias maneras, nuestro propio vocabulario y nuestros propios signos que nos harán totalmente diferentes del resto. Maneras, vocabularios y signos que nada tienen que ver con etiquetas comunes ni con corporativismos ni gremios profesionales.

La vocación verdadera logra hacerse indistinguible del ser de cada uno, de su manera de vivir, de su forma de pensar, sentir, hacer y relacionarse, y se conforma con cada uno hasta lograr una total armonía y simbiosis. Es esa la palanca y el punto de apoyo con la que movemos el mundo, nuestro mundo.

Cuando vivimos en la vocación, toda nuestra existencia se empapa de ella y se hace inseparable. Existimos tal cual nos marca esa llamada y esa vocación. Es imposible hacerlo ya de otra manera. No es cuestión de competencias ni de habilidades circunscritas a un ámbito laboral, sino que es una palanca y una perspectiva que hace orbitar todo lo que vivimos y experimentamos alrededor de ella, que nos ofrece el destino y el propósito al que tender, los valores y criterios por los que tomamos nuestras decisiones en todos los aspectos de nuestra vida, y las razones que justifican todos y cada uno de nuestros movimientos.

La existencia verdaderamente vocacional diluye todas las barreras, las deshace y ya no sabe distinguir lo que es ocupación laboral de lo que es ocio, lo que es tiempo libre de lo que no lo es, porque la vocación no tiene vacación ni tampoco límites ni fronteras. Como el agua, se expande y se cuela por todos los recovecos hasta inundar toda nuestra vida.

¿Cuál es el alcance de la verdadera vocación? Absolutamente todo. Toda nuestra existencia queda imbuida de ella y nos desplegamos en el mundo a través de ella. Todo, absolutamente todo, queda empapado de la fragancia de la vocación propia.

La vocación es esa plantilla de puzle donde la foto final, la imagen definitiva, está definida desde un comienzo, pero no así el número de piezas ni sus contornos, que pueden variar, dependiendo de las circunstancias que nos rodean, de los tiempos que vivimos y de los medios de que dispongamos para poder vivir conforme a esa vocación.

Cada pieza de ese puzle forma parte de un conjunto predefinido, aunque esa pieza pueda tener un contorno u otro. En la vocación, al contrario que en los reclamos productivos del exterior, no son los elementos los que determinan el conjunto, sino el conjunto el que determina los elementos. Como escribía Georges Perec (2019: 13), «el conocimiento del todo y de sus leyes, del conjunto y su estructura, no se puede deducir del conocimiento separado de las partes que lo componen: eso significa que podemos estar mirando una pieza de puzle tres días seguidos y creer que los sabemos todo sobre su configuración y su color, sin haber progresado lo más mínimo».

La vocación es ese plan maestro que nos dirige, y nuestros actos de vida son esas piezas que lo configuran. El trabajo es una pieza más, ni con mayor ni con menor importancia, que se sitúa siempre en referencia a esa plantilla que, por debajo, configura un conjunto armónico que encaja las piezas y da sentido a la vida que vivimos y a las cosas que hacemos.

Pero nuestro mundo, al contrario de lo que escribe Perec, quiere ver en el conocimiento de una simple pieza todo el plan maestro, o más bien desea reducirlo. Nuestra existencia queda comprendida en esa pieza diminuta de puzle no moldeada por nosotros, sino por el exterior. Frente a la más peculiar posibilidad de existencia que supone la vocación y que, metafóricamente, representa ese puzle completo que se oculta a primera vista, nuestra sociedad nos propone ser una pequeña pieza que queda desconectada del conjunto, de nuestro puzle único y peculiar, para conectarnos con otro conjunto que no vemos y que no es el nuestro, sino el de un sistema productivo al que adaptamos nuestros contornos. Una pieza que, dependiendo del momento, deberá alterarse casi al completo en aras de reconvertirse ante el nuevo cambio de esa plantilla de puzle general que cambia también.

Cuando obedecemos a los dictados del reclamo externo de lo productivo, nos reducimos a ser una pieza individual, asolada y alienada en un conjunto que no comprendemos y no alcanzamos a divisar, que nada tiene que ver con nuestro conjunto y nuestro puzle.

Una pieza de unos contornos que nos son impropios, no familiares, que puede que encajen en ese conjunto productivo, pero que desencajan totalmente con nuestra propia plantilla que representa la vocación.

Es por esa incapacidad de hacer de cada momento de vida una pieza de ese puzle, por la que, a pesar de que creamos desarrollar al máximo nuestro talento, a pesar de que pongamos toda la pasión de la que somos capaces, no hallamos el sentido de lo que hacemos.

La vocación, esa plantilla de puzle que no se ve pero que dirige cada momento de nuestra vida, posee sus propios planes, su particular diseño que nada tiene que ver con ese mapa y conjunto que se nos propone desde el exterior. Por eso el sistema reacciona, trata de comprimirnos y comprendernos en solo una pieza de puzle que encaje en otro marco distinto al nuestro. Por eso cambia sus contornos cada poco tiempo para mantenernos en esa ocupación y despistarnos de nuestro verdadero y personal conjunto.

En el reino de la evidencia, donde todo necesita encajar de forma visible y clara conforme a un conjunto material y utilitarista, la vocación entendida como llamada única que dibuja un conjunto peculiar y particular para cada persona, un puzle invisible cuyas piezas solo encajan con una plantilla personal que es invisible para el resto, se transforma en la principal amenaza para el statu quo establecido, porque es incontrolable, incomprensible y se expande más allá de las fronteras de lo fijado.

El ser humano que vive en su vocación es un desafío al sistema establecido. Como apuntaba Ortega (2006), este ser humano repara en que su realidad y su sentido están ocultos tras de él, advierte que tiene que ser interpretado, y eso supone que su verdadero sentido ha de buscarse más allá de lo aparente, de esas piezas del puzle que le son visibles.

La vocación no es evidente en sus acciones, sino que, para interpretarla, ha de irse mucho más allá de las apariencias, algo que no le conviene al sistema que necesita patrones, apariencias, evidencias, límites y contornos estáticos y previsibles. Nuestro mundo requiere mediciones que refuercen su forma adoptada, que permita que todos y cada uno de nosotros nos confrontemos en indicadores que nos comparen y nos clasifiquen. Esa comparación y esa clasificación nos repliegan en un territorio manejable de baremos que se nos presentan como hechos objetivos y fácilmente interpretables, evidencias sobre las que todos y cada uno de nosotros nos preparamos, nos formamos y competimos.

Insertos en esa mecánica y en esa lógica, las competencias y habilidades que más puntúan en cada momento se hacen el objeto de deseo sobre el que hemos de trabajar para una mejora permanente y sin límites, hasta que las reglas del juego vuelvan a cambiar y comencemos otra vez la partida. En esa dinámica, nuestra plantilla de puzle particular que está oculta para los demás y que ha de ser interpretada, queda silenciada también para nosotros mismos, que nos preocupamos tan solo de responder a la demanda exterior para no quedar aislados ni rezagados, para garantizarnos primeramente la supervivencia y la inclusión en el sistema y, más adelante, la posibilidad del premio de lo económico y de la jerarquía y de la posición social.

Pero ninguno de esos premios es satisfactorio para nosotros porque esa medición y esa constante comparación y competitividad, además de dejarnos exhaustos porque no posee fin, no tiene demasiado que ver con nuestro puzle personal invisible que es la vocación. El resultado son satisfacciones parciales, superfluas y de corta duración que solo podemos mantener con nuevas satisfacciones parciales, superfluas y de corta duración.

Es el propio sistema el que nos impulsa a esas micro satisfacciones porque todo debe ser renovado de continuo con el objetivo de trasladarnos la idea de metas que están ahí, a nuestro alcance, que son posibles de lograr, pero que siempre están en movimiento y no se alcanzan nunca.

Lo más que conseguimos de esta manera son pequeños objetivos que antes fueron vendidos como grandes pero que, al obtenerse, son empequeñecidos y convertidos en un peldaño más de una escalera que no nos lleva a un destino final, aunque se nos haga creer que será así en un momento determinado.

¿Cómo logra el sistema este movimiento continuado? Primeramente, potenciando la idea de excelencia e incrementando los niveles de lo que se mide de manera permanente y, una vez que esos niveles han llegado a sus límites, variando la escala de lo que se mide para inaugurar una nueva. Cada pequeño fin se convierte en un fin en sí mismo. Cada pieza pretende ser un puzle en sí mismo; por eso, cuando se agota esa pieza, se agota el puzle, nos sentimos desfondados y desmotivados, y necesitamos de otra motivación, de otra propuesta exterior que nos induzca nuevamente al movimiento.

La estrategia fundamental de un sistema que pretende perpetuarse es la de convertir a las personas en una masa lenta (Canetti, 2009), donde cada uno de sus miembros pierde su individualidad en aras de un pensamiento y una acción unísona y dirigible. Debe ser lenta para mantenerse densa y compacta durante mucho tiempo, para perdurar y no estallar. Para ello, lo fundamental es, de una parte, mantener su número relativamente reducido.

Esto se consigue mediante las jerarquías, las mediciones e indicadores para acceder a ciertos privilegios, y la potenciación de la idea del talento y el esfuerzo como manera de lograrlo. Todos deseamos llegar hasta allí, pero no todos lo logramos. Nos movemos como una masa lenta y ordenada en esa aspiración. Y es ahí donde entra el segundo factor que nos convierte y mantiene como una masa lenta. Este no es otro que el establecimiento de un objetivo deseable y lejano que nos concentre, que nos impida desviarnos y nos invite a avanzar hacia él con tenacidad y perseverancia, como si fuéramos una gran multitud que camina indefectiblemente a ritmo de marcha, pausado pero inquebrantable.

Y ante el presumible cansancio, no hay nada como proponer metas pequeñas, alcanzables, que nos descansen y nos hagan ver la posibilidad de que el logro mayor es posible. De ahí también la necesidad urgente de proporcionar narrativas artificiales a este movimiento que den coherencia al camino que cubrimos hacia un destino que nunca llega. La narrativa común actúa como compresora y controladora de esa masa, la dirige a través de las metas cambiantes, puntuales e insatisfactorias hacia un fin que jamás vamos a alcanzar plenamente, pues hacerlo sería el propio final del sistema.

Esa misma narrativa es la que enfatiza y alaba el fracaso como etapa indispensable y primordial para el aprendizaje y el éxito. Cuando se nos pide reinventarnos y reciclarnos cada poco, nos encontramos en numerosas ocasiones con el hastío y el cansancio de recomenzar para volver a encajarnos. Es en esos momentos de encrucijada personales en los que el sistema corre el riesgo de perdernos, de que volvamos a nuestra individualidad y a nuestra consciencia, y nos desviemos del camino general que impone.

De ahí la necesidad de una narrativa que dibuje una tierra prometida que nunca llega, que proponga unos logros a corto plazo que satisfagan nuestra hambre de destino y que ensalce el fracaso como asunto deseable que se ha de sufrir repetidas veces. El fracaso como pedigrí resulta esencial en esta narrativa. ¿Por qué? Porque cuando nos alejamos de nuestra vocación verdadera, de la llamada real que no proviene del exterior, y nos plegamos a las competencias y habilidades de moda, lo normal es que enfrentemos las más de las veces la frustración y el fracaso de acometer tareas que no responden a nuestro puzle interior, a nuestra mejor posibilidad de ser.

Por eso el sistema requiere de esa narrativa del fracaso como parte del juego. Todo aquel que posee éxito en este modelo ha pasado previamente no por uno, sino por innumerables fracasos. Se nos invita a que fracasemos e, incluso, a que lo hagamos rápido para pasar a otra cosa. Se identifica la aceptación del fracaso y su superación con conceptos como la resiliencia, la resistencia o la mentalidad de aprendizaje. El fracaso, se insiste, es la mejor oportunidad de aprendizaje, y depende de nosotros el aprovecharlo para aprender.

De esta forma, la narrativa queda perfectamente construida. Todos podemos y debemos desarrollar unas competencias normativas, así como desempeñar unas ocupaciones determinadas si deseamos prosperar social y económicamente. Esas competencias y ocupaciones pueden ser aprendidas a base de esfuerzo, tesón, perseverancia y unas gotas de pasión, y se transmutan mágicamente en talentos que cualquiera, si posee voluntad, puede disponer de ellos.

Cuando la tozuda realidad nos indica que no todos servimos para aquellas cosas que se nos dicen y fracasamos, entra en ayuda del sistema el ensalzamiento de ese fracaso como paso imprescindible en el ascenso y como fórmula esencial de aprendizaje. Si el fracaso no fuese investido de ese atractivo ni interpretado como un fruto deseable y una inversión para nuestro buen porvenir, apenas resistiríamos un par de embates o tres.

Poco tardaríamos en desviarnos de ese camino, en hacernos un agente libre, en recuperar nuestra individualidad y, seguramente, escuchar la llamada de la verdadera vocación que nos propondría ese conjunto invisible para los demás y nos acercaría a la mejor posibilidad de nosotros mismos. Pero el fracaso ya no es motivo de abandono, sino acicate para continuar, etapa obligada de todos y cada uno de nosotros hacia un destino y una meta que no es la nuestra y que no alcanzamos a divisar, pero de la que se nos promete una futura consecución.

Inmersos en esa rueda infinita que gira y gira sin solución de continuidad, separamos como bien podemos nuestro tiempo de trabajo de nuestro tiempo de ocio. Buscamos un levantamiento de fronteras que preserva un espacio que llamamos 'para nosotros'.

Aceptamos sin rechistar el que buena parte de nuestra vida se destine a realizar tareas y actividades que no solo nos disgustan, sino que en ocasiones nos desagradan, más allá de lo bien o mal remuneradas que estén, de la posición y jerarquía social que nos proporcionen. La asunción de dos tiempos, el de trabajo y el de ocio, reconoce la imposibilidad de llevar una vida plena, dado que solo el tiempo de ocio es entendido como un tiempo de veras para nosotros. Entonces, si el resto de la vida no es para nosotros, ¿para quién es realmente?

Retornamos así a esa vida de farsa, a ese autoengaño antes mencionado. Una vida que no es la nuestra y a la que nos hemos resignado tristemente. Una vida basada en el esfuerzo y en el sufrimiento que apenas permite el disfrute, ni cuando hace ni cuando no hace. Y es que cuando se nos despoja y arranca de esa plantilla de puzle invisible que es propia de cada uno de nosotros, no solo olvidamos y perdemos la capacidad de disfrute plena cuando nos ocupamos, sino también cuando nos desocupamos. Por eso también el sistema se expande más allá del trabajo para establecer unas pautas marcadas de supuesto goce de nuestro tiempo ocioso, que se convierte en algo estandarizado e impersonal.

El resultado general son vidas que ansían la salida de la oficina, la desconexión y la llegada del fin de semana, del festivo y de la vacación en la vana ilusión y esperanza de disfrutar de un ocio y de un tiempo libre cada vez más impersonal y menos decidido por uno mismo. No solo el trabajo con la tecnología como aliada ocupa más tiempo físico y mental, sino que se fusiona con nuestro ocio, porque ahora todo sucede en los mismos espacios y lugares, y se confunde.

¡Qué distinta resulta la vida en una verdadera vocación! La vocación no necesita vacación, porque su alcance es toda la vida, porque es la vida misma a la que dirige y enfoca, envuelve e inunda. Lo vocacional es ese conjunto invisible que configuramos con nuestras acciones diarias que están siempre llenas de sentido porque sabemos, en nuestro fuero interno, que estamos ejecutando nuestra mayor posibilidad de ser.

Cuando se vive en la vocación, no hay separación entre el ocio y el trabajo, entre un tiempo para nosotros y un tiempo para… ¿quién? Cuando vivimos en la vocación todo tiempo es a la vez para nosotros y para los demás, para nuestro interior y para nuestro exterior.

La vida en la vocación disfruta en el esfuerzo, no sufre, aunque se canse. No siente que se sacrifique, no necesita autoconvencerse ni dotarse de un sucedáneo de pasión, porque no hay mayor pasión que elegirse a uno mismo. La vocación es esa plantilla de puzle que ya está definida y que, aunque no sepamos verla en su entera dimensión, se nos muestra en cada acto de vida. Es ese conjunto invisible pero bien presente que nos coloca y recoloca, un tapiz sobre el que se despliega una existencia con sentido.

Cuando se vive en la vocación, esa vocación se convierte en el punto de apoyo, y permite que lo peculiar de cada uno se ponga de relieve por el modo de vivir.

Capítulo 7

LAS SEÑALES

Las módicas ayudas pecuniarias que de vez en cuando me enviaba mi padre las aplicaba al estudio de la navegación y a adquirir otros conocimientos matemáticos útiles a quienes pretenden dedicarse a los viajes, como yo, ya que siempre había pensado que ese, más pronto o más tarde, iba a ser mi destino.

Jonathan Swift

Apenas transcurren unas pocas líneas de las primeras páginas de *Los viajes de Gulliver* (2002), cuando su autor ya nos deja a las claras que su protagonista, con tan solo catorce años, ha escuchado y atendido la llamada de su vocación, por lo que todo lo que hace, desde su más tierna infancia y su juventud hasta su madurez y vejez, responde a esa vocación que le reclama. La vocación le lleva a recorrer distintos continentes y mares, a conocer tierras y especies jamás vistas, y todo ello movido por su necesidad vital de descubrir nuevos mundos, de conocer y de relacionarse con distintas culturas.

Empeña todo su dinero para aprender navegación, matemáticas y medicina, pues le son de utilidad para embarcarse y llegar a otros confines. Pero no es su vocación ser marino, médico o matemático, a pesar de haber dedicado tiempo y recursos a su estudio. Todas estas cosas no son más que elementos circunstanciales al servicio de una vocación superior que le empuja a mezclarse con diferentes culturas y conocer otros mundos y sociedades.

La vocación es una manera de vivir y, como tal, afecta a todos nuestros ámbitos vitales, desde nuestras relaciones sociales y familiares hasta nuestras inquietudes intelectuales y estudios, pasando por los trabajos que desempeñamos o el tiempo de ocio que nos proporcionamos. Los contornos de la vocación no son diáfanos ni claros como si de un campo vallado se tratara, sino que se expanden como el propio cielo. Nuestro anhelo de certezas, junto con nuestra necesidad de definirlo todo, de etiquetarlo y de poseer concreción y lindes claras en aquello que abordamos, exige que la vocación se nos desvele con una definición exacta y que nos diga dónde, cuándo y cómo va a aparecerse. Algo que, como hemos comprobado, la vocación no hace.

A pesar de ello, la vocación emite señales constantemente, nos reclama desde que nacemos, incluso en esos años tempranos en los que nuestra conciencia aún no está desarrollada y no disponemos de la capacidad para nombrarla e identificarla como tal. Esas señales pueden ser detectadas si prestamos atención a nuestra inclinación y nuestra actitud ante las cosas que hacemos, porque la vocación nos llama y habla a nuestro interior, pero necesita y se manifiesta actuando en el exterior, haciendo cosas.

La vocación requiere de la acción, nos llama a actuar, y sus señales vienen dadas por la disposición que mostramos ante esas acciones y por el sentimiento que nos producen tanto antes, como durante y después de haberlas acometido. La vocación nos inclina a realizar determinadas cosas y no otras, y tanto en su realización, como después de ella, genera sentimientos que nos permiten identificarla. Estas señales no aparecen en momentos puntuales, sino que pueden hacerlo en cualquier tiempo, lugar y forma.

Reparar en las actitudes y sentimientos que tenemos antes, durante y después de actuar es la manera en la que podemos detectar las señales que nos indican si estamos ante una llamada vocacional o no lo estamos. Descubrir todos estos indicios que se describen a continuación no suprimirá la incertidumbre que siempre acompaña la vida del ser humano, pero comprobar su existencia nos acercará con alta probabilidad a lo que es nuestra verdadera vocación.

GUSTAR Y QUERER

La primera señal que debemos atender es comprobar si la actividad que emprendemos nos gusta y queremos realizarla. Parece chocante y contradictorio, pero a veces el gustar y el querer no coinciden. Puede que haya momentos y lugares en los que no queramos hacer algo que nos guste hacer habitualmente, a pesar de que no tengamos un impedimento para ello. Sentir la pereza ante una actividad que habitualmente nos gusta es una señal que nos demuestra que no nos encontramos ante algo vocacional. Más bien nos hallamos ante algo que no nos desagrada, pero que no forma parte de nuestra esencialidad, porque lo vocacional no deja hueco a la pereza.

En otras ocasiones, acontece lo contrario. Hay algo que queremos hacer, aunque no nos guste. Este es un territorio en el que la voluntad juega un papel primordial. Queremos hacer algo porque, racionalmente, consideramos que es bueno para nosotros, aunque no nos agrade necesariamente. Aun así, ese beneficio racional que nos ofrece nos lleva a ser voluntariosos, a forzarnos, a querer realizarlo. Pero hacer algo sin que nos guste es indicio de que no es vocacional, puesto que la vocación, sin estar exenta de esfuerzo en su despliegue y desarrollo, se acompaña del gusto por lo que hacemos.

Todo lo que proviene de la vocación nos gusta y lo queremos. Cuando nos encontramos ante algo vocacional, siempre consideramos que es un buen momento y lugar para hacerlo. La pereza desaparece y no necesitamos de una especial dosis de voluntad para ponernos en marcha. Quizás la mejor imagen que lo define es el escritor o pintor que siempre portan consigo una libreta para escribir o esbozar en cualquier momento y lugar. La vocación es nuestra mejor posibilidad, es elegirnos a nosotros mismos, por lo que nada nos puede agradar más ni podemos querer más que ser nosotros mismos en todo momento y lugar.

FACILIDAD ESPECIAL

Una segunda señal que la vocación presenta es que todo aquello que tiene relación con ella se nos da especialmente bien. Poseemos facilidad para hacer determinadas cosas, pero eso no significa que todas esas cosas indiquen que estamos ante algo vocacional.

Por eso esta señal puede llevar a confusión, ya que nuestra tendencia es calificar nuestras habilidades y competencias de una manera numérica y cuantitativa, a valorarlas y clasificarlas según unos patrones determinados para, una vez clasificadas, identificar unívocamente la mejor valorada con lo vocacional. Pero la vocación no funciona con ránkings, ni clasificaciones ni puntuaciones. Puntuar en lo más alto de ese ránking no implica que aquello sea vocacional.

La vocación tampoco tiene que ver con la idea de maestría, sino con mostrar una cierta inclinación hacia algo y poseer facilidad para ejecutarlo. Nuestro día a día está repleto de ejemplos de personas que se dedican en cuerpo y alma a cultivar y mejorar hasta la maestría habilidades que, sin embargo, no son vocacionales, y terminan por abandonar con una amarga sensación de vacío y pérdida de tiempo. Por eso, para distinguir lo que es vocacional no debe buscarse lo cuantitativo, sino lo cualitativo y lo acumulativo. Es la acumulación de distintas señales la que nos dará la idea de que estamos ante la vocación. De ahí que lo vocacional apunte a aquello que nos guste, que queramos hacer y que poseamos facilidad para ello, aunque no sea necesariamente lo que mejor se nos dé, ni lo que encabece el ránking de capacidades en las que somos especialmente hábiles.

PRIORIDAD MÁXIMA

En este relatar signos a través de los que se nos muestra la vocación, un tercero tiene relación con lo que nos es más prioritario. Lo vocacional tiende a convertirse en prioritario para nosotros. Y esa prioridad se identifica porque, cuando disponemos de poco tiempo y de diferentes opciones donde elegir, sentimos una inclinación hacia una determinada cosa por encima de las demás, y esa propensión nos lleva a priorizarla sobre el resto.

¿Significa esto que la hagamos siempre? No necesariamente. Que algo sea prioritario y que sea lo primero que haríamos no supone que lo hagamos. Por eso, en este relato de señales con las que la vocación se nos presenta, no debemos identificar la prioridad con aquello que hagamos realmente, sino más bien con lo que en nuestro interior sentimos como inclinación a hacer, y a lo que supeditaríamos todo si pudiéramos. Quien vive en la vocación así lo hace, y convierte esa inclinación e intención en realidad. Sin embargo, quienes no viven en su vocación priorizan en su interior una cosa, pero acaban haciendo otra, probablemente por alguno de esos enemigos inconfesos que hemos identificado y narrado anteriormente.

Por lo tanto, en este aspecto no identificamos la señal en el acto final sino en la fuerza de la intención y la presencia constante. De ahí que más que preguntarnos por lo que hacemos en cuanto tenemos un minuto disponible, hemos de interrogarnos por lo que pensamos hacer en cuanto dispongamos de ese tiempo libre. Sabemos que esa intención no es un capricho porque, primeramente, siempre que se puede, la llevamos a cabo y, en segundo lugar, porque aparece conjuntamente con otras señales.

Y es que, nuevamente, cada señal no ha de tomársela separadamente del resto, puesto que corremos el riesgo de equivocar el antojo puntual y la inclinación meramente caprichosa con la manifestación de la verdadera vocación. De ahí que todas y cada una de estas señales cobran sentido para detectar lo que es vocacional cuando se presentan juntas, y no aisladamente.

Así pues, ya sabemos que lo vocacional ha de gustarnos, hemos de querer hacerlo, tenemos una facilidad especial para realizarlo y, en cuanto podemos y tenemos un tiempo y espacio realmente disponible, nos dedicamos a ello, y si no lo podemos hacer, al menos siempre aparece como nuestra primera intención de manera continuada.

SENSACIÓN DE PÉRDIDA DE TIEMPO Y DE DOLOR

En esta acumulación de pistas que la vocación deja constantemente tras de sí, una está especialmente vinculada al tiempo perdido y a la sensación de dolor. Cuando no vivimos en la vocación, tanto si nos enfrascamos en una actividad voraz como si no, los pocos o muchos momentos en los que nuestra mente y espíritu se despejan, sentimos una punzada de dolor porque hay una certeza intuitiva que nos señala que aquello en lo que nos enfrascamos y ponemos todo nuestro esfuerzo no contribuye a nuestra realización, y no construye lo que puede ser nuestra mayor posibilidad.

Retornando a las palabras de Ortega, esa sensación de pérdida de tiempo y de dolor proviene del saber que vivimos una farsa, que desplegamos una vida y unas actividades que no constituyen ese puzle interior que solo nos es accesible a nosotros y que nos completa totalmente.

Esta es la razón de la incomodidad y malestar que mostramos en trabajos, relaciones e incluso en los momentos de ocio, porque nada de lo que emprendemos alimenta esa vocación, y porque cada acto que acometemos nos aleja de ser nuestra mejor posibilidad.

La vocación, curiosamente, es eso que no estamos haciendo y que, por no hacerlo, nos produce un sentimiento de frustración por perder el tiempo, y un dolor real ante la percepción de que ese tiempo es limitado y finito, y de que nuestra mejor posibilidad de ser se nos está escapando día tras día. Puede que cumplamos adecuadamente con nuestro deber con respecto a los demás y a la tarea que nos ha sido encomendada desde el exterior, pero, en nuestro fuero interno, otro deber condicional se aparece constantemente bajo la fórmula de «debería estar haciendo esta otra cosa…». Detrás de esa construcción puede encontrarse lo verdaderamente vocacional. Allá donde nuestra mente y nuestro espíritu se escapan, reclaman nuestra atención y acción, y provocan esa sensación de pérdida de tiempo y de dolor, puede esconderse lo vocacional.

TRAICIÓN A UNO MISMO

Lo vocacional no solo se identifica con aquello que crea dolor y sensación de pérdida de tiempo. También lo identificamos cuando sentimos que, si no lo hacemos, nos perdemos algo muy importante de nosotros mismos. Esto propicia que nos encontremos fuera de sitio, porque actuamos sobre cosas que nos sacan del principal lugar que es ser nosotros mismos.

Generalmente, dichas sensaciones vienen acompañadas de pensamientos como «¿Qué hago yo aquí?» o «Debería estar haciendo…», pero no referidas a esa idea anterior de tiempo perdido, sino a la incapacidad de identificarnos y encajar completamente con aquello que hacemos. Sabemos que no estamos ahí en todo nuestro ser, solo en una minúscula parte, porque somos conscientes de que lo que hacemos no corresponde a ninguna pieza que vaya a completar nuestro puzle vocacional. Esto conlleva la amarga sensación de traición a nosotros mismos, pues aquello que ejecutamos es algo estéril para nuestra realización y nos desvía de nuestro camino personal y de la elección de nosotros mismos.

Esa traición se convierte en un hondo reproche interior porque reconocemos que nos fallamos a nosotros mismos. No solo es perder el tiempo y creer que podríamos estar haciendo algo más provechoso, sino que es un sentimiento que se nos clava en el alma, que nos cuesta despistar y olvidar, y que se repite con frecuencia. Comprobamos que no solamente perdemos el tiempo, sino que nos estamos perdiendo a nosotros mismos y nos estamos desaprovechando.

Esa percepción de desaprovechamiento refleja la alta desconexión entre lo que hacemos y nuestra mejor posibilidad, y la alta conexión que existe entre aquello que querríamos y deberíamos estar haciendo en ese momento y no hacemos. En esta circunstancia aparece con diafanidad el verdadero síndrome del impostor hacia nosotros mismos. Se nos muestra con claridad el autoengaño al que nos sometemos, y nos enjuiciamos con dureza por no poseer la valentía ni la osadía para reenfocarnos hacia ese camino de vocación.

NACE EN LA INTIMIDAD

Otro de los indicios de lo vocacional es que nace en la intimidad. La vocación no nos chilla ni nos abruma con estruendosas llamadas, sino que es callada pero constante. Por eso, no es de extrañar que lo verdaderamente vocacional comience la conquista de nuestra vida desde nuestro ser y estar más íntimo.

De una manera intuitiva, la vocación busca en la intimidad convencernos y protegerse de esos enemigos inconfesos que se hallan en nuestro exterior y con los que, si se expone demasiado pronto, puede verse malograda.

Por eso en sus primeras apariciones se hace inconfesable, e incluso se acompaña de un sentimiento de vergüenza que nos lleva a ocultarla. La vocación no deja de ser la máxima expresión de nosotros mismos y de nuestro ser único. Y ese ser único supone exponerse a la diferencia con los demás, y probablemente a no ser comprendido en una primera y segunda instancia.

Ante ello, la vocación prefiere las puertas cerradas de la habitación o los rincones perdidos en cualquier paraje, allá donde nadie puede escucharnos ni vernos. Lo vocacional, en sus primeros momentos, se siente más confortable y segura cuando está a solas con nosotros. Así se imbrica entre nuestra alma y nuestros pensamientos para hacerse lo suficientemente fuerte y valerosa, y exponerse más adelante al exterior.

La vocación, en sus primeros balbuceos, necesita de ese tiempo y espacio de intimidad acusada, de desarrollo silencioso al margen de la intemperie. Como una semilla que requiere de cuidados extremos y que se hunde profunda en la tierra para luego emerger con fuerza y mostrarse sin pudor, así también actúa la vocación. Lo vocacional suele responder con un «nada» cuando alguien cercano nos pregunta acerca de lo que estamos haciendo. Juega al despiste con los demás, mientras que se nos presenta franca ante nosotros.

La intimidad no solo le procura esa protección del exterior que, si la descubre en ese tierno despertar, podría desbaratarla, sino que también le proporciona ese espacio y ese tiempo que reclama para tomar cuerpo y forma. Si no existe ese diálogo íntimo con ella, resulta prácticamente imposible definir esos contornos particulares que luego harán más fácil su despliegue por la vida del exterior.

EXPRESA LO MÁS PROFUNDO

Dado que la vocación es la expresión más pura y exacta de nuestro yo esencial, de nuestra mayor posibilidad, en ella se cuenta lo más profundo que albergamos. Por eso, otra de las señales en las que podemos reconocer lo vocacional es que suele ser en sus manifestaciones en donde es más natural expresarnos en nuestra totalidad. Lo vocacional son esas actividades a las que tendemos cuando sentimos que hay algo que nos es imperativo expresar y que las cosas superficiales que nos rodean no nos sirven ni nos alcanzan.

Quien no vive en la vocación, apenas puede encontrar una vía de expresión ante ese requerimiento, y cuando la busca, acude a ese exterior en el que solo se pueden ofrecer soluciones y remedios estándar, fórmulas manidas creadas para satisfacer a todo el mundo en la superficialidad y para dejar insatisfecho a todos en la profundidad.

Expresar lo que es más profundo y hondo no tiene nada que ver con la racionalidad y reflexión hiperintelectualizada. La hondura y la profundidad de la vocación no habla de una reflexión profunda y sesuda, sino que refiere a llegar a la máxima expresión del ser, algo que tiene más que ver con la conexión íntima e insustituible de uno con uno mismo. Es esa comunicación de uno con uno mismo lo que la vocación provoca y lo que buscamos cuando ejecutamos cualquier actividad que tiene que ver con ella.

En nuestra vida anhelamos de continuo ser nosotros mismos, ser nuestra verdad y no una farsa. Esa demanda solo puede ser atendida a través de la vocación y las actividades que nos ayudan a desplegarla por nuestra vida. Si la verdad es la cosa más profunda, y nada hay más verdadero que elegirnos a nosotros mismos y ser nuestra mayor posibilidad, es lógico pensar que las actividades que nos permiten expresar esa verdad nos indican que estamos ante la vocación.

Expansión, incomprensión y resistencia

Superados los primeros tiempos en los que mantenemos lo vocacional en la intimidad, llega un momento en el que sucede todo lo contrario y la vocación busca salir de esas cuatro paredes en las que se encerraba. Nos reclama abandonar ese lugar solitario en el que nos refugiábamos y desplegarla a los cuatro vientos.

Lo vocacional nos ofrece así dos señales claras. De una parte, notamos que requiere expansión. Sentimos que aquello que somos debe ser conocido por los demás, que debe mostrarse allá donde vayamos porque, en el fondo, ese despliegue no es más que hacer realidad nuestra mejor posibilidad. Lo que antes clamaba por el refugio, exige ahora su exposición en la plaza pública. Pero en dicha manifestación, la vocación no busca halagos ni reconocimientos, sino simplemente ampliar su horizonte para extenderse y estar presente en todos aquellos ámbitos en los que nuestra vida acontece.

Por eso la vocación no se circunscribe solo a un trabajo, ocupación o tarea, sino que es ese punto de apoyo alrededor de la que gira toda nuestra existencia. Cuando vivimos en la vocación, no lo hacemos a tiempo parcial, sino a tiempo total. Esto explica que lo vocacional nos impulse, en un determinado momento, a manifestarla a esos cuatro vientos.

Junto a esa demanda de expansión, topamos con otra señal que tiene relación con la forma en la que la recibe nuestro círculo íntimo. Aunque esta señal puede no producirse, puesto que no siempre el entorno es reticente a lo vocacional, suele ser común que suceda. La vocación no atiende a las demandas externas ni a los parámetros del sistema, y eso provoca que quienes nos quieren bien pero no conocen la totalidad de nuestra intimidad, deseen darnos un 'baño de realismo' y convencernos de que aquello que queremos realizar y en lo que queremos vivir es algo que nos puede conducir a una existencia incierta, insegura y alejada del bienestar que todos nos desean.

Esa buena intención se manifiesta con incomprensión y resistencia. La incomprensión proviene de esa cercanía que les hace creer que nos conocen mejor de lo que incluso nosotros nos conocemos, y por eso interpretan nuestra elección como un error que ha de corregirse. Sin embargo, esas personas no poseen toda la visión de nuestra intimidad, y mucho menos de lo que supone y significa la vocación, por esa razón y por esa presunción de conocimiento, les choca, sorprende y les provoca mayor incomprensión la intención de vivir en la vocación.

Una incomprensión a la que le sigue una resistencia que se manifiesta en forma de advertencias y consejos que pretenden alejarnos de lo vocacional y acercarnos a un modo de vida plegado a lo que hace la mayoría, puesto que así se garantiza un futuro seguro.

Cuando encontramos incomprensión y resistencia en nuestro entorno más íntimo y a la vez sentimos que aquello que no se comprende y a lo que se resiste es algo superior que necesita ser expandido, es muy posible que estemos ante algo vocacional.

AUSENCIA DE ESTRÉS

Una vez que hemos vencido resistencias, y que nos entregamos con denuedo a vivir en nuestra vocación, comprobaremos que todo aquello que tiene que ver con ella no nos provoca estrés. Más allá de causas orgánicas y fisiológicas que puedan motivar ese estrés, las circunstancias que nos generan estrés tienen que ver con la realización de labores que no desearíamos hacer, con la falta de capacidad para ejecutar dichas tareas, con la imposibilidad de control y con la carestía de tiempo para llevarlas a cabo.

Toda actividad que nos cree estrés está lejos de ser algo vocacional. Si tomamos esas cuatro razones que provocan nuestra tensión emocional, comprobaremos que ninguna de ellas está presente en las actividades vocacionales. Primeramente, todo aquello que ejecutamos cuando vivimos en la vocación es algo que nos gusta y queremos hacer, por lo que no existe tensión por sentir que perdemos el tiempo y los recursos en realizar algo que no deseamos. Ese querer estar en otro lugar haciendo otra cosa es uno de los principales hacedores de estrés puesto que nos muestra claramente que desperdiciamos nuestra vida.

Tampoco es la vocación algo que nos genere fricciones en su realización porque nos mostremos incapaces ante sus demandas y retos. La vocación es exigente y desafiante, nos lleva a extremos no contemplados, pero siempre lo hace sabiendo que tenemos facilidad para aquello que nos solicita. Por lo tanto, hay desafío y margen de mejora, pero nunca fricción por incapacidad.

Igualmente, quien vive en la vocación no posee nunca una sensación de ausencia de control en lo que hace. Nos hemos elegido a nosotros mismos y nadie ha elegido por nosotros, por lo que estamos al mando absoluto de nuestra vida, y no hay lugar para un sentimiento de pérdida de control.

Finalmente, la carencia del tiempo para la realización de cualquier tarea es un disparador de tensión emocional y de estrés que no se produce en el despliegue de lo vocacional. La vocación no entiende el tiempo como algo que se mide en minutos o segundos, sino que posee su tiempo particular que se expande y, en esa expansión, no existen los límites. La vocación no posee comienzo ni final, más que cuando nacemos y morimos, y entre medias no existe más tiempo que un continuado vivir en ella. Sin plazos de entrega ni consecución, lo vocacional y su tiempo esquivan lo estresante para entregarse a un tiempo prolongado, que es denso y a su vez pasa a menudo demasiado rápido, como comprobaremos en la próxima señal que nos ofrece.

El tiempo pasa rápido y la consciencia se olvida

Hay determinadas actividades en las que notamos que el tiempo vuela, que nuestro ego desaparece y que nos desprendemos de nuestras preocupaciones más mundanas y banales para sentir una profunda conexión con la tarea.

Esa conexión no es más que la prolongación de nuestro ser más íntimo y profundo, de nuestra mayor posibilidad de ser, que se manifiesta a través de una actividad determinada y se entrevera con ella hasta hacernos uno. Es lo que coloquialmente entendemos como fluir (Csikszentmihalyi, 1997), una sensación agradable y placentera en la que nos deslizamos sin fricciones a través de las cosas y de la tarea mientras perdemos la noción del tiempo y de aquello que está más allá de esa actividad que realizamos.

Es un momento de focalización absoluta y de plenitud total. En esa circunstancia, nos olvidamos de cualquier necesidad, incluso la de alimentarnos. Es una sensación que no se desea abandonar por nada del mundo, y que nos deja en estado extático, una experiencia casi mística en la que ni vemos ni oímos nada más que aquello en lo que actuamos.

Nuestra propia conciencia queda superada por una intuición o una supraconciencia que nos desconecta de todo lo que nos rodea para conectarnos con nosotros mismos mediante una fusión absoluta con esa actividad que realizamos. Es esta una señal inconfundible de que eso que hacemos está íntimamente relacionado con la vocación.

Todos, en algún momento de nuestra vida, hemos sentido el pasar del tiempo rápido y fugaz. Pero que el tiempo pase rápido y fugaz no es algo que, por sí mismo, suponga que estemos ante una señal vocacional si no se acompaña de esa sensación de fluir antes relatada en el que nos alejamos de nuestro 'yo', abandonamos la consciencia y nos adentramos en una dimensión diferente en la que sentimos la profunda conexión entre nosotros mismos y lo que hacemos, formando un todo único y pleno.

Es la fugacidad unida al abandono de la consciencia y del propio 'yo' lo que nos deja a las claras que estamos ante una nueva señal de que lo que hacemos tiene relación con la vocación. Resulta material y espiritualmente imposible que cualquier otra actividad provoque estas sensaciones sin estar unida con la llamada a que nos elijamos nosotros mismos y seamos nuestra mejor posibilidad.

Vivir en la vocación no supone vivir en un constante estado de fluir, esto sería inviable, pero sí nos procura la posibilidad de experimentar esos momentos de realización y de plenitud con cierta asiduidad y no de una forma esporádica o casual.

ESTAR DONDE SE QUIERE

Uno de los principales fines del ser humano es conseguir estar donde, cuando y como desea. Hallar ese lugar propio y único, ese espacio de tiempo y esa forma de estar en el mundo es el objetivo que anhelamos todos. Lamentablemente, gran parte de las personas no lo encuentran y solo disfrutan de acomodos temporales que han de variar permanentemente para proseguir con su búsqueda.

Esta itinerancia permanente es una característica propia del ser humano que se ha acentuado en nuestros días, donde hemos convertido en valor algo tan poco humano como el «reinventarse» y «reciclarse». Equiparamos a las personas con las máquinas y objetos que deben ser fabricados y refabricados, programados y reprogramados, inventados y reinventados al son de las necesidades que dicte el momento.

Quien no vive en la vocación existe en ese tránsito perenne de un lugar a otro, de un espacio a otro, de una manera de hacer a otra que le deja constantemente insatisfecho porque se halla en una mudanza continua. Cuando está en un lugar, desearía estar en el otro. Cuando está haciendo una cosa, querría estar haciendo otra.

La señal fundamental que lo vocacional nos emite aquí es que, cuando atendemos su llamada y se convierte en el eje fundamental alrededor del que gira toda nuestra vida, no deseamos estar haciendo ninguna otra cosa, ni tampoco estar en otro lugar. Desaparece ese tránsito y esa sensación de insatisfacción y de búsqueda fútil y estéril. No hay necesidad de reprogramarse, de refabricarse y de reinventarse. La vocación transmite una sensación absoluta de estar en el lugar adecuado, en el momento adecuado y en la forma adecuada. Sentimos que somos sujetos de nuestra propia vida, que nos dirigimos por nuestra propia elección, mientras que quien no vive en la vocación se siente objeto que no posee el control de su vida, que vaga de un lugar a otro sin encontrarse.

Quien atiende a la vocación no puede desear estar en otro lugar ni momento ni forma porque, al elegirse a sí mismo, está en el mejor lugar posible. Por eso, si detectamos que no deseamos estar haciendo otra cosa más que lo que hacemos, si sentimos que no necesitamos reinventarnos ni reprogramarnos a pesar de las invocaciones que se producen desde el exterior, eso significa que estamos donde queremos estar, que estamos viviendo en la vocación y hemos hallado nuestro lugar en el mundo.

Intensidad creciente

Si bien se presenta callada y humilde, aunque tenaz y perseverante, cuanto más se nos hace presente la vocación y más espacio tiende a ocupar, más intensidad nos demanda.

Cuando se vive en la vocación, el pasar del tiempo no solo no nos cansa y nos invita a abandonar, sino todo lo contrario. A medida que el camino de vocación se consolida y se ensancha, también crece nuestro compromiso con él y la intensidad que le dedicamos.

De regreso a esos viajes de Gulliver que abrían el capítulo, su protagonista, a pesar de los peligros y avatares que sufre en las sucesivas expediciones que realiza, lejos de abandonar y regresar a su hogar en tierra firme, siente más profunda esa llamada, y su intensidad se multiplica a cada travesía que realiza, a pesar de que en casi todas ellas ponga en peligro su propia vida.

La razón fundamental es que cuando uno se ha elegido a sí mismo, cuando se ha probado y disfrutado a sí mismo, cualquier otra opción desmerece, puesto que nada puede resultarnos más atractivo y satisfactorio que ser nuestra mejor posibilidad.

Introducidos ya en el camino de la vocación, cualquier otra opción que se nos presenta resulta vacía y artificiosa. Una vez iniciados en el vivir vocacional, cuanto más avanzamos en él más conscientes somos de la farsa que se nos propone vivir desde el exterior y más fortalecidos nos sentimos para negarnos a abandonar nuestra senda.

A medida que proseguimos en nuestra vocación, esta se hace robusta y nos ofrece una clarividencia nunca experimentada para mostrarnos cuál es nuestro lugar y para enseñarnos lo mucho que nos alejan de él todas esas invitaciones del exterior para integrarnos en la dinámica de lo que hace la mayoría.

Pero la vocación sabe de la fuerza de la inercia y de esas amenazas y temores que constantemente se nos vierten para que retrocedamos en nuestra trayectoria, por eso necesita un refuerzo siempre en aumento, y por eso nos demanda intensidad.

Una intensidad que no solo es defensiva para seguir fortaleciéndose ante los enemigos exteriores, sino que es también constructiva, en tanto en cuanto cada acto vocacional encaja una nueva pieza de ese puzle inmenso y rico que configura nuestra mayor posibilidad. Cuanto más intensos somos en la vocación, más somos nosotros en realidad. Así pues, si además de todas esas señales anteriores, encontramos que ante determinadas actividades sentimos y queremos aumentar nuestra intensidad, y además el paso del tiempo no solo no nos cansa de ellas, sino que incrementa nuestro compromiso y nuestra convicción, estamos ante actos que despliegan nuestra vocación.

Deseo constante de mejora

Precisamente, una de las manifestaciones de esa intensidad creciente que demanda la vocación es la del deseo constante de mejora. La vocación es una mezcla de estatismo, siempre está, y de movimiento, puesto que permanentemente nos reta a hacer lo necesario para progresar en ella. Si vivir en la vocación es vivir en nuestra mayor posibilidad, avanzar en ella, mejorar y progresar es progresar y mejorar también en nuestra mayor posibilidad. Hacernos mejores en la vocación es hacer mejor nuestro ser. De ahí que esa ansia constante de mejora no posea un final.

Pero este deseo constante de mejora nada tiene que ver con la idea de medirse contra o con algo. Frente a la idea de un progreso referido a unos indicadores contingentes que cambian cada poco tiempo, que nos piden reinventarnos y que nos exigen desaprender para aprender de nuevo, en la vocación nada de lo que se aprende se desaprende.

Quien vive en lo vocacional coloca una pieza tras otra, un escalón sobre otro, y escala gracias a lo adquirido. Es una mejora progresiva, perseverante y enfocada, que no requiere ser medida ni comparada con nada, sino que encuentra su satisfacción en el simple hecho de sentir que se mejora.

La mejora constante de la vocación no responde a los cánones establecidos por el sistema en los que todo progreso ha de medirse y cuantificarse para clasificarse, compararse y premiarse o castigarse. No son mejoras que miran al exterior para tener su referencia, sino que la referencia está en nuestro propio interior y en nuestra propia vocación. Mejoras que se acompañan de un sentimiento de realización, de superación de un anterior estadio para situarse en otro superior.

El progreso y el anhelo de mejora se convierten en señal de lo vocacional cuando reúnen esas tres circunstancias relatadas. De una parte, es siempre constante, nunca cesa y tiene su propio ritmo que nada tiene que ver con el que marca el exterior. De otra, no requiere de mediciones ni de indicadores que nos referencien a un modelo determinado y que nos permitan compararnos y clasificarnos. La vocación rehúye las clasificaciones y las comparaciones dado que se trata de elegirse a uno mismo y ser nuestra mayor posibilidad, por lo que no necesita verse en los demás para comprobarse y reafirmarse.

Por último, lo que se aprende en la vocación jamás se desaprende. La vocación es ese puzle que construye cadenciosa y silenciosamente, pero que no puede ser reversible porque eliminar una pieza es volver a vaciar el puzle, es volver a vaciarnos nosotros mismos y eso no es posible. Frente al utilitarismo que rechaza lo aprendido cuando no le es útil, en la vocación todo lo aprendido es útil porque todo conforma nuestra mejor posibilidad de ser.

SIEMPRE INACABADA

Otra de los signos peculiares y en apariencia contradictorios con el sentimiento de plenitud con la que se muestra lo vocacional es que siempre tenemos la sensación de que se encuentra inacabada. Cuando se vive en la vocación, nunca se tiene la idea de un final. Por eso es habitual que, si desplegamos nuestra vocación, al término de una tarea, nuestro pensamiento se dirija inmediatamente hacia otra nueva que continúe completando ese puzle que conforma nuestra mejor posibilidad.

Esta sensación no contraría el sentimiento de plenitud puesto que la plenitud de la vocación no se relaciona con el resultado o con la finalización de una actividad particular, sino con el disfrute del proceso en sí mismo. Dado que no hay comienzo ni final en la actividad que acompaña a la vocación, puesto que está siempre con nosotros, tampoco existe esa sensación de que algo está acabado o finiquitado totalmente. La plenitud no depende de cumplir este o aquel objetivo planteado previamente, ni se ciñe solo a un momento específico de consecución de algo concreto. La vocación nos centra en el proceso, por lo que cada paso que damos, independientemente de que nos acerque más o menos a un fin, es en sí mismo un motivo de plenitud.

Frente a la forma de entender la vida como un conjunto de metas a las que enfocarse para, una vez logradas, abrir otras nuevas y volver a cerrarlas en un bucle continuado que nos deja exhaustos, lo vocacional propone una vida permanentemente retadora, siempre sin terminar, pero en la que los logros se acumulan y se nos presentan en cada momento. No hay en la vida vocacional un evento particular al que tender con todas nuestras fuerzas, puesto que la vocación no se dirige por objetivos puntuales, sino que es la vida en la propia vocación un objetivo permanente en sí mismo.

Tampoco esa idea de cosa inacabada provoca en nosotros frustración puesto que, en cada paso que damos, en cada momento en el que actuamos en nuestra vocación, estamos siendo nuestra mayor posibilidad, estamos eligiendo nuestra mejor opción, y esto elimina cualquier sentimiento frustrante.

De ahí que no vivamos igual los esfuerzos que realizamos cuando desplegamos la vocación que cuando no lo hacemos. Quien actúa en lo vocacional realiza esfuerzos, muchas veces, o casi siempre, más ímprobos que los que ejecuta otra persona que no vive en esa vocación. Pero ese esfuerzo no se acompaña de un sufrimiento, puesto que el principal sufrimiento que padecen quienes no viven en su vocación no proviene de la energía empleada en la tarea, sino de la actividad en la que deposita dicha energía. No se sufre por el esfuerzo, sino por aquello en lo que volcamos dicho esfuerzo.

Cuando nos empleamos a fondo en lo vocacional, el cansancio nos invade, pero no el sufrimiento. Es un cansancio pleno que nos llena y nos satisface. Quien se emplea en lo que no es su vocación, no contribuye a la confirmación de su mejor posibilidad ni se elige a sí mismo, y eso provoca que su cansancio sea doloroso y le deje exhausto y vacío.

Por eso, quien sufre este tipo de cansancio necesita unos objetivos que le sitúen ante un final, que le permitan sentir que se produce una clausura de ese sufrimiento.

Si finalizamos una tarea y, sin apenas solución de continuidad, ya nos ponemos con la siguiente, es más que probable que nos hallemos ante una nueva señal de la vocación.

IMPOSIBLE DESCONECTAR

Seguramente sonará extraño, e incluso puede llegar a asustar el afirmar que quien vive en lo vocacional jamás desconecta. Este temor proviene de que buena parte de las personas viven ausentes de su vocación y su vida transcurre fundamentalmente ejecutando actividades y ocupándose en cosas que le son dictadas desde el exterior, que no son una elección de ellas mismas.

En esta circunstancia, necesitamos desconexión porque, si hemos de esforzarnos en algo que no nos es de provecho para construir nuestra mejor posibilidad, nuestros requerimientos de desconexión serán cada vez mayores. Ante un aumento de las exigencias y de los esfuerzos para lograr objetivos que no nos realizan ni contribuyen a ser nuestra mayor posibilidad, la gran parte de las personas demandan también un incremento de esa desconexión.

Todas las personas que no existen en la vocación viven una farsa y por ello, en cuanto pueden, de manera más o menos consciente, buscan su huida de esa actividad que contribuye a edificar esa farsa, esa máscara que nos evita a nosotros mismos.

Por el contrario, la vocación no necesita vacación. El motivo fundamental es que nadie se va de vacaciones de sí mismo. Quien vive en la vocación no conoce lo que es un síndrome postvacacional, ni está pendiente de las fechas de festivos ni interrupciones en el calendario si la razón es la de la desconexión. Cuando vivimos en lo vocacional nos sucede justo lo opuesto a quien no lo hace. No solo no requerimos desconectarnos, sino que tememos esa desconexión y la evitamos, porque la desconexión supondría desconectarnos con nosotros mismos.

Esto no significa que lo vocacional no necesite descanso, pero ese descanso no implica cerrar la persiana como hacemos con un trabajo, olvidarnos de esas tareas hasta volver a abrirla. En realidad, quien vive en la vocación encuentra en ese momento de ocio una manera más de seguir alimentando desde otros prismas ese puzle vocacional. Los eventos a los que acudimos, los viajes que realizamos o cualquier otra cosa que emprendemos más allá de nuestros quehaceres habituales se convierten también en un alimento y pieza más para completar nuestro puzle vital vocacional.

Vivir en la vocación supone vivir constantemente conectado y no necesitar desconexión alguna, porque estar conectado significa estar conectado con uno mismo.

UNA HISTORIA COHERENTE

Una de las principales obsesiones del ser humano es la de encontrar la coherencia en su vida. De manera más o menos consciente, buscamos con profusión proporcionarnos una narrativa existencial en la que, a pesar de nuestras contradicciones, otorguemos consistencia y coherencia a todo aquello que hacemos y nos acontece. Absolutamente todos, sin excepción, necesitamos dar un sentido a nuestra vida. El sentido implica vivir con intención, con un destino y una dirección hacia los que dirigimos nuestras acciones.

Cuando no se vive en la vocación, cuando alguien no ha sido capaz de elegirse a sí mismo y existir con la intención de ser su mejor posibilidad, hace un ejercicio ímprobo y estéril por dar coherencia a las cosas que le suceden y a las acciones que le son impuestas desde su exterior. Pero, a pesar de dichos intentos, le resulta imposible encontrar esa narrativa de vida, ese hilo conductor, puesto que las actividades y actos que realiza solo tienen como nexo común el que sirven a lo que es útil al sistema en cada momento, pero no poseen en sí ninguna conexión, ningún sentido, ni entre ellas ni con la persona en concreto.

Esa desesperación por no vislumbrar sentido en lo que hace proviene de la incapacidad de vivir en la vocación, que es el eje que da coherencia, narrativa y destino a todo lo que se realiza. Por eso, quien no vive en la vocación, no se entiende a sí mismo, no se halla ni se encuentra, por más que cumpla lo que se le solicita desde el exterior, por más que destaque y se esfuerce. Lo único que obtiene es una ausencia de realización.

¡Qué distinto resulta para quien vive en la vocación! Para quien atiende la llamada vocacional, todo lo que realiza es fluido porque entra dentro de ese puzle y esa historia que es de cada uno y de nadie más. Por eso, dicha coherencia narrativa es, en cambio, difícil de comprender para quienes están fuera de nosotros. La narrativa de vida que propone la vocación solo posee coherencia y sentido para quien escucha y atiende la llamada, pero no para quienes desde fuera nos piden que encajemos con el modelo masivo de turno.

Retornemos nuevamente al comienzo del capítulo y a la azarosa vida del protagonista de *Los viajes de Gulliver*. Visto desde el exterior, nos es imposible encontrar coherencia en un hombre que estudia medicina y matemáticas, dos ocupaciones que, aunque científicas, parece atraer perfiles muy distintos. Pero esa aparente incoherencia que presenciamos desde el exterior es totalmente coherente en su interior. El protagonista desea, por encima de todo, poderse embarcar, y para ello no encuentra mejor manera de hacerlo que estudiando dos disciplinas que le podrán ayudar para ello, pues las embarcaciones siempre demandan médicos y tripulantes que posean conocimientos matemáticos para la navegación.

Lo que es una aparente sinsentido e incoherencia a la vista de los demás es para este personaje una historia repleta de consistencia, coherencia y sentido. Por ello, cuando descubrimos que existe algo que nos permite dar coherencia y proporcionarnos una narrativa a todo aquello que realizamos, es más que probable que nos hallemos ante una nueva manifestación de la vocación.

EL SÍNDROME DEL DÍA INCOMPLETO

En este recorrido por las señales que la vocación emite, existe una muy característica relacionada con la sensación de incompletitud. En muchas ocasiones, lo vocacional se encuentra en aquello que, si no realizamos, nos deja el sentimiento de que el día no ha sido completo.

De nada servirá que hayamos trabajado de sol a sol, que cumplamos con el deber impuesto, que hayamos realizado un esfuerzo inconmensurable, que nuestra tarea se haya ejecutado con excelencia e, incluso, que dicha realización haya sido ampliamente reconocida y aplaudida por quienes nos rodean. Todo eso y mucho más no servirá para paliar ese sentimiento de incompletitud que nos asalta cuando no nos hemos ocupado ni un ápice de lo que tenga que ver con nuestra vocación.

Desatender la llamada, no hacer nada por satisfacerla es, en realidad, desatendernos a nosotros mismos y, por lo tanto, no completarnos. Cada día en el que no prestamos atención a nuestra vocación es interpretada en nuestro fuero más interno como una nueva oportunidad perdida, como una elección subóptima, dado que volvemos a optar por lo que se nos propone desde el exterior, en lugar de elegimos a nosotros mismos.

Por el contrario, cuando atendemos la vocación, buscamos cualquier oportunidad para realizar actividades que nos permiten desplegarla a diario. Y, si en algún momento nos es imposible hacerlo, sentiremos ese síndrome del día incompleto. Para evitar ese sentimiento de día perdido, escudriñaremos siempre resquicios de tiempo y de espacio para, al menos, dedicar un pequeño rato a dar rienda suelta a nuestra vocación.

Cuando vivimos en la vocación, inmediatamente se convierte en lo prioritario en nuestro fuero interno, porque reconocemos en cada cosa que la alimenta que estamos construyéndonos un poco más, que estamos siendo más. Por ello, si no aprovechamos cada día para construirnos un poco más, para ser un poco más, nada importará lo que hayamos hecho, lo bien que hayamos cumplido con nuestro deber exterior, lo mucho que nos hayamos esforzado y fatigado. Puede que notemos la satisfacción del descanso físico o intelectual, pero si ese esfuerzo no ha contribuido a apuntalar nuestra vocación, a edificar nuestra mayor posibilidad, sentiremos que nos falta algo porque nos faltamos a nosotros mismos, a nuestra cita más importante.

Cada día que no atendamos esa vocación, que no la despleguemos con alguna actividad, sentiremos que algo nos falta. De ahí la importancia de observarnos bien y detectar cuáles son esas actividades y ocupaciones que, si no realizamos, nos dejan con esa sensación de incompletitud, con esa insatisfacción y sentimiento de pérdida de tiempo. Ahí toparemos con otro indicio de lo vocacional. Un día sin atender nuestra vocación provoca la sensación de un día incompleto.

NO TIENE FIN

Hay algo común que poseen todas las actividades y ocupaciones que realizamos y que no tienen nada que ver con lo vocacional. Si una tarea es fijada fuera de la llamada vocacional, si es invocada desde nuestro exterior para responder a las contingencias o para cumplir con una serie de parámetros para ser productivo, ser eficiente, obtener mejor posición o reconocimiento social, solemos imaginar y tener muy presente siempre el final de la misma.

Tan pronto como nos es encomendada dibujamos en nuestro pensamiento un límite, un final más allá del cual, sea más o menos lejano, no nos vemos realizando dicha actividad. Es algo que sucede típicamente en los trabajos. Poco importa que tengamos aptitudes para su desempeño, que seamos más o menos reconocidos y premiados, que en cierta manera disfrutemos de dicha tarea… Siempre está en nuestra mente la idea de ponerle término. Muchas personas dedican su vida a una ocupación laboral determinada, hacen girar su vida en torno a ella, y su principal motivación siempre está al final, cuando todo acabe y pueda permitirse el descanso.

Típica muestra de ello es cómo interpretamos la jubilación en las sociedades occidentales. Nuestra vida laboral se plantea como un espacio de años en los que hemos de realizar una serie de tareas y actividades productivas que contribuyan en mayor o menor medida a la riqueza económica y, en ese transcurrir vital, siempre tenemos en lontananza la jubilación, el 'descanso del guerrero', la tranquilidad para realizar lo que nosotros realmente queremos. Por lo tanto, todo ese tiempo de vida, que ocupa buena parte de nuestra existencia lo pasamos realizando tareas que puede que a veces nos gusten y que se nos den bien pero que, a pesar de ello, a su vivencia le acompaña la motivación fundamental de que, en algún momento, tendrán un final.

Obviamente, cuando algo se desea que acabe, que tenga un final, es porque nos cansa y no nos satisface. Nadie se cansa de lo que le llena, le satisface y le hace sentir pleno.

Eso es precisamente lo que sucede con lo vocacional. Si vivimos en la vocación, no avistamos ningún final de lo que hacemos, porque tampoco lo deseamos. Eso no significa que no descansemos, pero nunca nos desconectamos, por lo que tampoco interpretamos que lo que hacemos vocacionalmente tenga un final.

Dado que desplegar y desarrollar la vocación es desplegar y desarrollar nuestra mayor posibilidad de ser, nunca nos cansamos de ello, y tampoco anhelamos ningún final porque desear un final sería desear nuestro propio final, algo que nadie quiere. Si hemos detectado que hay un conjunto de cosas que hacemos y para las que no imaginamos ni queremos un final, y no anhelamos dejar de realizarlas, es muy probable que esas cosas tengan relación directa con nuestra vocación.

VOLVER UNA Y OTRA VEZ... A PESAR DEL QUÉ DIRÁN

Directamente relacionada con las anteriores señales en las que lo vocacional no requiere desconexión ni un final, sino que siempre nos mantiene conectados y jamás imagina un término, se encuentra el empecinamiento que mostramos en esas actividades vocacionales y en volver sobre ellas una y otra vez.

Vivir en lo vocacional supone salirse de la norma, de lo esperable, del rebaño que sigue el camino trazado y trillado. Esto implica que numerosas fuerzas tirarán de nosotros para hacernos regresar al redil puesto que, quien se sale de él, incomoda. Por eso lloverán las críticas y comentarán acerca de nuestras actitudes y nuestras decisiones. Lo que realicemos será en su mayor parte incomprendido por la gran mayoría de las personas, incluidas aquellas que nos quieren bien y que están en nuestros círculos más íntimos.

A pesar de ello, cuando se ha avanzado en lo vocacional y ya se encuentra uno de lleno en la senda que ha trazado la llamada, el desánimo, que existe y que es palpable y abundante a lo largo de toda la existencia vocacional, dura lo que se tarda en digerir una mala noticia o una mala crítica. A veces se tarda un poco más, y a veces un poco menos, pero siempre se vuelve a la vocación, una y otra vez. El dolor que se sufre por traicionarse a uno mismo y por abandonar es mucho mayor y profundo que el provocado por no hacer caso a las presiones del exterior y mantenernos firmes ante la corriente masiva.

Algo así debió ocurrirle a Picasso, que tras las malas críticas y las incomprensiones de sus más íntimos allegados, mantuvo durante años enrollada y abandonada en un rincón la tela en la que había pintado *Las señoritas de Aviñón* (Gompertz, 2014). A pesar de todo, los posteriores meses y años continuó trabajando en ese nuevo camino que había abierto, y al poco daba nombre al cubismo, uno de los movimientos más influyentes en el arte de los últimos tiempos.

Las críticas y las opiniones contrarias duelen, nos tambalean, nos hacen dudar y nos conducen a preguntarnos si no estaremos cometiendo alguna locura, si hemos perdido el norte y deberíamos regresar al camino por donde transitan todos. Pero si ya hemos atendido la vocación y se ha consolidado en nosotros, comprobaremos que ningún temor proveniente desde afuera ni ninguna crítica, por muy acerada que sea, nos conduce al abandono, puesto que sentimos que hacerlo es abandonarnos a nosotros mismos, soltar las amarras de nuestro ser y dejar que sea gobernado por otros.

Por eso, cuando se vive en la vocación se vuelve sobre las cosas una y otra vez, a pesar del qué dirán, porque no hay peor crítica que la que nosotros mismos nos dirigimos cuando traicionamos nuestra mayor posibilidad de ser, ni peor dolor que el olvidarnos de ser nosotros mismos para ser lo que otros desean que seamos.

La vocación no se encuentra en ningún lugar, no tiene una receta especial para hacerse visible, un cómo que nos permita invocarla y distinguirla del ruido que nos confunde, ni tampoco aparece en un momento determinado como una revelación.

Lo vocacional se nos muestra en todos los momentos y lugares porque está todo el tiempo con nosotros y, aunque su revelación no se ciña a una fórmula infalible, nos ofrece todo un conjunto de señales con las que podemos detectar y diferenciar lo que es vocacional de lo que no lo es, y ponernos en el camino para conseguir ser nuestra mayor posibilidad.

BIBLIOGRAFÍA CONSULTADA

AGUSTÍN (2011): *Las Confesiones*. Madrid: San Pablo.

ARISTÓTELES (2014): *Ética a Nicómaco*. Madrid: Gredos.

BRADBURY, RAY (2020): *Fahrenheit 451*. Barcelona: DeBolsillo.

CANETTI, ELIAS (2009): *Obra Completa, vol. I*. Barcelona: DeBolsillo.

CSIKSZENTMIHALYI, MIHÁLY (1997) *Fluir. Una psicología de la felicidad*. Barcelona: Kairós.

DEFOE, DANIEL (2004): *Aventuras de Robinson Crusoe*. Madrid: Austral.

DESCARTES, RENÉ (2020): *Discurso del método. Meditaciones metafísicas*. Madrid: Austral.

ENDE, MICHAEL (1987): *Momo*. Barcelona: Círculo de Lectores.

FROMM, ERICH (2018): *El miedo a la libertad*. Barcelona: Paidós.

FROMM, ERICH (2021): *Del tener al ser*. Barcelona: Paidós.

GARCÍA MÁRQUEZ, GABRIEL (1999): *Cien años de soledad*. Barcelona: Mondadori.

GOETHE, JOHANN WOLFGANG VON (2016): *Las afinidades electivas*. Barcelona: Penguin.

GOMPERTZ, WILL (2014): *¿Qué estás mirando?* Madrid: Taurus.

HAN, BYUNG-CHUL (2014): *Psicopolítica: neoliberalismo y nuevas técnicas de poder*. Barcelona: Herder.

HEIDEGGER, MARTIN (2018). *El ser y el tiempo*. México: Fondo de Cultura Económica.

HESSE, HERRMANN (2019): *Siddhartha*. Barcelona: DeBolsillo.

KANT, IMMANUEL (2011). *Hacia la paz perpetua*. Barcelona: Ciro ediciones.

KIERKEGAARD, SOREN (2021): *Temor y temblor*. Madrid: Alianza Editorial.

LLEDÓ, EMILIO (2018): *Días y libros*. Madrid: Austral.

MACINTYRE, ALASDAIR (2021): *Tras la virtud*. Madrid: Austral.

MARCUSE, HERBERT (2021): *El hombre unidimensional*. Madrid: Austral.

MARX, KARL (1968): *Manuscritos: economía y filosofía*. Madrid: Alianza Editorial.

MONTAIGNE, MICHEL DE (2021): *Ensayos*. Barcelona: Penguin.

ORDINE, NUCCIO (2018): *La utilidad de lo inútil*. Barcelona: Acantilado.

ORTEGA Y GASSET, JOSÉ (1959): *Mocedades*. Madrid: Austral.

ORTEGA Y GASSET, JOSÉ (1983): "El hombre a la defensiva", en *Obras Completas, vol. II*. Madrid: Alianza Editorial.

ORTEGA Y GASSET, JOSÉ (2006): "En torno a Galileo", en *Obras Completas, vol. VI*. Madrid: Taurus/Fundación Ortega.

PASCAL, BLAISE (1962): *Pensamientos*. Madrid: Austral.

PEREC, GEORGES (2019): *La vida instrucciones de uso*. Barcelona: Anagrama.

RODARI, GIANNI (2017): *Escuela de fantasía*. Barcelona: Blackie Books.

SAINT-EXUPÉRY, ANTOINE DE (2019): *El Principito*. Barcelona: Salamandra.

SARTRE, JEAN PAUL (2011): *La náusea*. Madrid: Alianza Editorial.

SCHOPENHAUER, ARTHUR (2021). *El mundo como voluntad y representación*. Madrid: Alianza Editorial.

SENNET, RICHARD (2000): *La corrosión del carácter. Las consecuencias personales del nuevo capitalismo*. Barcelona: Anagrama.

STEINER, GEORGE (2021): *La barbarie de la ignorancia*. Madrid: Alfabeto.

STEVENSON, ROBERT LOUIS (2005): *Memoria para el olvido*. Madrid: Siruela.

STUART MILL, JOHN (2011): *Sobre la libertad*. Barcelona: Ciro ediciones.

SWIFT, JONATHAN (2002): *Los viajes de Gulliver*. Madrid: Austral.

TALEB, NASSIM NICHOLAS (2018): *Antifrágil. Las cosas que se benefician del desorden*. Barcelona: Booket.

TARROW, SYDNEY G. (2018): *El poder en movimiento*. Madrid: Alianza Editorial.

TWAIN, MARK (2004): *El príncipe y el mendigo*. Madrid: Ediciones El País.

WHITMAN, WALT (2018): *Hojas de Hierba*. Madrid: Austral.

WILDE, OSCAR (2000): *El retrato de Dorian Gray*. Madrid: Austral.

WILDE, OSCAR (2018): *Las artes y el artesano*. Madrid: Gadir.

OTROS TÍTULOS DE INTERÉS EN LA
COLECCIÓN AULA ABIERTA:

CASANOVA, M. A.: *La educación que exigimos.*

CASANOVA, M. A.: *Educación actual: retos y propuestas.*

CRUZ MORENO, N. DE LA: *Otra manera de enseñar es posible. Modelo educativo-sistémico SAF.*

LÓPEZ RUPÉREZ, F.: PREPARAR EL FUTURO. *La educación ante los desafíos de la globalización.*

LÓPEZ YÁÑEZ, J.: *La ecología social de la organización.*

LORENZO DELGADO, M.: *Organización de centros educativos. Modelos emergentes.*

MIALARET, G.: *Palabras impertinentes sobre la educación actual.*

MOLINA GARCÍA, S.: *La escolarización obligatoria en el siglo xxi.*

MOLINA GARCÍA, S.: *La escuela organizada sobre mitos: orientaciones para superarlos.*

MOYA OTERO, J.: *La educación como derecho. Bases para un consenso razonable.*

PENALVA BUITRAGO, J.: *El nuevo modelo de profesor: un análisis crítico.*

PIZARRO DE ZULLIGER, B.: *Neurociencia y educación.*

PIZARRO DE ZULLIGER, B.: *Inteligencia Artificial para docentes. Sinapsis de silicio.*

RODRÍGUEZ ROJO, M.: *Hacia una didáctica crítica.*

SOLER FIÉRREZ, E.: *¿Qué es la educación?*

SORIANO AYALA, E. (ed.): *El valor de la educación en un mundo globalizado.*

SUSINOS RADA, T. et al.: *Cuando todos cuentan. Experiencias de participación de estudiantes en las escuelas.*